OBJETS D'ART

ET D'ANTIQUITÉS

COMPOSANT LA

COLLECTION DE M. E. LAFORGE

TELS QUE

Meubles sculptés en bois et ébène des XVe, XVIe et XVIIe siècles ; statuettes et bas-reliefs en ivoire, bronze, pierre, terre-cuite et bois des mêmes époques ; objets religieux ; belles pendules, glaces, lustres, chandeliers et objets d'ameublement des règnes de Louis XIV à Louis XVI ; médailles et bijoux, monuments anciens de l'art chinois et oriental ; tapis, broderies, étoffes, etc.

Dont la vente judiciaire aura lieu à Lyon, au domicile, rue du Peyrat, n° 1, le *lundi 16 novembre 1868 et jours suivants*, à une heure de relevée.

Par le ministère de **M. RÉMY**, commissaire-priseur.

Assisté de **M. CARRAND** père, archéologue.

Exposition publique les mercredi, jeudi et vendredi, 11, 12 et 13 novembre, de 11 à 3 heures.

Dépôt du présent catalogue : à Lyon, chez Me Deville, avoué, séquestre judiciaire, rue Constantine, 5, et chez M. Rémy, au bureau des commissaires priseurs, quai de l'Hôpital, 21,

A Paris, chez M. Carrand fils, rue du Sentier, n° 20.

LYON. — IMPRIMERIE D'A. VINGTRINIER.

1868

CATALOGUE

D'OBJETS D'ART

ET ANTIQUITÉS.

OBJETS D'ART

ET D'ANTIQUITÉS

COMPOSANT LA

COLLECTION DE M. E. LAFORGE

TELS QUE

Meubles sculptés en bois et ébène des XVe, XVIe et XVIIe siècles ; statuettes et bas-reliefs en ivoire, bronze, pierre, terre-cuite et bois des mêmes époques ; objets religieux ; belles pendules, glaces, lustres, chandeliers et objets d'ameublement des règnes de Louis XIV à Louis XVI ; médailles et bijoux ; monuments anciens de l'art chinois et oriental ; tapis, broderies, étoffes, etc.

Dont la vente judiciaire aura lieu à Lyon, au domicile, rue du Peyrat, n° 1, le *lundi 16 novembre 1868 et jours suivants*, à une heure de relevée,

Par le ministère de **M. RÉMY**, commissaire-priseur,

Assisté de **M. CARRAND** père, archéologue.

Exposition publique les mercredi, jeudi et vendredi, 11, 12 et 13 novembre, de 11 à 3 heures.

Dépôt du présent catalogue : à Lyon, chez Me Deville, avoué, séquestre judiciaire, rue Constantine, 5, et chez M. Rémy, au bureau des commissaires priseurs, quai de l'Hôpital, 21,

A Paris, chez M. Carrand fils, rue du Sentier, n° 20.

LYON. — IMPRIMERIE D'A. VINGTRINIER.

1868

CONDITIONS DE LA VENTE

Elle sera faite au comptant.

Il sera perçu 5 % en sus du prix d'adjudication, applicables aux frais.

En faisant ce catalogue, nous n'avons pas eu la prétention d'offrir au public une œuvre scientifique qui eût nécessairement exigé une grande étendue, et par suite des frais qu'il importait d'éviter. Nous avons simplement voulu décrire, avec autant de précision que possible, les objets que nous sommes chargés de vendre. On ne nous accusera pas d'avoir prodigué l'éloge, bien que bon nombre d'articles eussent pu fournir matière à l'emphase.

Le goût et les connaissances artistiques de celui qui a rassemblé cette collection, sont, pour les amateurs, une garantie suffisante de leur mérite : nous nous contenterons d'attirer leur attention sur les numéros qui suivent :

Dans les antiquités, les nos 5 et 8 des bronzes.

Dans les objets religieux, les nos 40, 41, 44, 45, 62, 65, 68 et 72.

Parmi les meubles, les nos 100, 101, 103, 104, 114, 116, 121, 138, 154, 155, 161, 162, 163, 164, 165, et 166.

Au nombre des glaces, le no 180.

Les chenets no 226.

Dans l'horlogerie, les nos 229, 233, 234 et 235.

Les garnitures de cheminée nos 247 et 543.

Les tabatières, nos 264, 268, 269 et 270.

Dans la série des objets divers, les nos 329, 346, 358 et 366.

Parmi les objets d'art, les nos 440, 458, 460, 479, 491, 492, 502, 503, 505 et 506.

Les émaux 516 et 518.

Parmi les objets de Chine, les nos 526, 528, 529 et 530 ; les laques nos 533, 534 et 535.

Les jades nos 544, 545, 546, 547, 552 et 553.

Les nos 557, 565, 566, 568, 569, 573, 574, 575 et 576.

La belle robe no 608.

Les bronzes, du no 621 à 640.

Les miniatures 651, 653 et le sceau Impérial 654.

Les ivoires hindous 663 et 671 ; le bel arc de Gwalior 719 et le drapeau algérien n° 713.

Enfin, beaucoup d'autres objets remarquables que nous sommes obligés de passer sous silence pour abréger cette trop longue liste.

ORDRE DES VACATIONS

LUNDI 16 Novembre. — *Antiquités, médailles*, du nº 1 au nº 34. — *Antiquités religieuses*, du nº 70 au nº 81. — *Armes anciennes de l'Europe*, du nº 82 au nº 99.

MARDI 17. — *Objets divers*, du nº 348 au nº 404. — *Antiquités religieuses*, du nº 35 au nº 62.

MERCREDI 18. — *Serrurerie et Coutellerie*, du nº 405 au nº 427. — *Antiquités religieuses*, du nº 63 au nº 69. — *Objets divers*, du nº 329 au nº 347. — *Bagues et Joyaux*, nº 276 à 305.

JEUDI 19. — *Bagues et Joyaux*, du nº 306 au nº 328. — *Tabatières*, du nº 260 au nº 272. — *Objets chinois*, du nº 526 au nº 571.

VENDREDI 20. — *Tapisseries et Etoffes*, du nº 428 au nº 436. — *Mobilier civil*, du nº 100 au nº 139. — *Objets chinois*, du nº 572 au nº 602.

SAMEDI 21. — *Mobilier civil*, du nº 140 au nº 179. — *Objets d'art*, du nº 437 au nº 477.

LUNDI 23. — *Mobilier civil*, du nº 175 au nº 215. — *Objets d'art*, du nº 478 au nº 524.

MARDI 24. — *Mobilier civil*, du nº 216 au nº 259. — *Objets chinois*, du nº 603 au nº 640.

MERCREDI 25. — *Objets chinois*, du nº 641 au nº 656. — *Porcelaines et Faïences*, du nº 758 au nº 808.

JEUDI 26. — *Inde*, *Malaisie*, *Perse*, *etc.*, du nº 657 au nº 718. — *Armes orientales*, du nº 719 au nº 757.

CATALOGUE

DES

ANTIQUITÉS ET OBJETS D'ART

COMPOSANT LA

COLLECTION DE M. E. LAFORGE.

de Lyon.

ANTIQUITÉS EGYPTIENNES, GRECQUES, ROMAINES, ETC.

EGYPTE.

1. Pierre. — Cinq stèles chargées de figures et de hiéroglyphes.

2. — Deux canopes à tête humaine.

3. — Cinquante-six pièces, telles que figures de momies, d'Orus, d'Isis, de Typhon, etc., scarabées, nilomètres et autres amulettes égyptiennes, en bronze, grès, pierres dures, hématite et autres matières, de travail fin pour la plupart, parmi lesquelles un bon nombre sont rares.

   Plus deux sceaux assyriens en sardoine.

GRANDE GRÈCE.

4. — Dix-huit petits vases, la plupart peints et de belle forme, poterie antique encore sous patine.

ANTIQUITÉS ROMAINES.

5. Bronze. — Statuette de Minerve casquée et armée de l'égide et tenant autrefois la lance et le bouclier.

Bronze de beau travail, ayant les yeux en argent.

6. — Petite statuette de Mercure, coiffée du pétase et tenant le fiscum.

7. — Patère de belle forme et le manche d'une autre patère orné d'un corbeau en relief.

8. — Grande et belle lampe dimixe (à deux becs) dont l'anse figure une tête de cheval.

Ouvr. romain de la belle époque.

Trouvée, il y a peu d'années, aux environs de Condrieu.

9. — Autre lampe plus petite, ornée latéralement de masques de lion et d'une souris sur le bec.

10. Grosse lampe à trois becs ; en terre cuite, à sujet spinthrien.

Trois autres plus petites et quatre ampulles de verre dites lacrymatoires.

11. Vingt-trois menus ustensiles, tels que clé, fibule, couteau, cuillers, vertoil et débris romains, plus un miroir étrusque gravé, ainsi que des haches et bracelets celtiques.

Le tout bronze ou granit.

12. Os. — Quarante-une pièces : sifflets, styles, dé et aiguilles d'origine romaine.

MÉDAILLES ET MONNAIES ANTIQUES, MOYEN AGE ET MODERNES.

ANTIQUES.

13. Dix médailles grecques, dont une d'or (Syracuse) ; les autres d'argent.

14. Dix petits bronzes grecs ou gaulois.

15. Or. — Neuf pièces romaines antiques : Tibère, Domitien, L. Verus, Antonin, Marc-Aurèle, Constance, Victorien , une Scyphata du bas-empire grec et un florin d'Italie.

16. Argent. — Soixante-treize pièces antiques, romaines, impériales et consulaires, dont un médaillon de Vitellius et quelques gauloises.

17. Cent soixante-dix-neuf grands bronzes d'empereurs romains et impératrices.

    Provenant d'une trouvaille faite dans la Saône en 1863, et encore sous patine brute pour la plupart.

18. — Autre lot de cent cinq grands bronzes romains, également sous patine. (Même origine.)

19. — Soixante-cinq petits bronzes romains ou gaulois, dont un de Rome casquée avec la louve au revers.

20. — Neuf cartons contenant trois cent un soufres de grands bronzes des empereurs et impératrices du haut et bas empire romain, accompagnés d'une notice écrite en italien qui y était jointe.

MOYEN AGE.

21. Argent. — Vingt-six pièces du XVIe siècle, écus ou demi-écus, savoir: de François Ier, cinq; de Henri II, onze; de Charles IX, deux; de Henri III, une; de Henri IV, une; de Philippe II d'Espagne, une; de Charles de Lorraine, une; de Charles de Savoie, une.

22. — Trente-neuf pièces quarts d'écus, blancs et grands blancs, de Philippe de Valois à Henri IV, et deniers de chapitres ou de villes, etc.

MONNAIES MODERNES.

23. Argent. — Cent dix-huit pièces grand module (écus de 5 à 6 francs environ), des diverses puissances de l'Europe, Turquie comprise et de l'Amérique, depuis l'an 1643 jusqu'à nos jours. Poids

24. — Cinquante-deux pièces de moyen module, des mêmes nations et de la même période. Poids

25. — Deux cent six pièces idem, idem, de petit module.

26. Or. — Quarante-huit pièces de tout module, des mêmes nations, depuis l'an 1641 jusqu'à présent.

27. Billon. — Quarante-quatre pièces idem, idem.

28. Cuivre. — Six cent cinquante pièces idem, idem, de tout module.

MÉDAILLES PROPREMENT DITES.

29. Bronze. — Vingt-huit médailles françaises, italiennes, allemandes, etc., du XVe au XVIIe siècle.

30. — Vingt-une médailles diverses des XVIIe et XVIIIe siècles.

31. — Vingt-quatre autres médailles des mêmes nations et époques.

32. — Cinquante-sept médailles, la plupart françaises, frappées depuis le commencement de ce siècle.
Très-fraîches de conservation.

33. Argent. — Dix médailles diverses du XVIIe au XIXe siècle.

34. — Vingt-deux médailles du XVIe au XIXe siècle, concernant l'histoire de Lyon, parmi lesquelles trois en argent.

MOYEN AGE.

ANTIQUITÉS ECCLÉSIASTIQUES, VASES ET USTENSILES DU CULTE, ICONOGRAPHIE, OBJETS PIEUX, ETC.

35. Calice en cuivre doré et ciselé (la coupe en argent), garni de petits émaux de basse taille.
Tr. florentin du XVe siècle.

36. Argent doré. — Calice avec nœud et pied hexagonal, auquel a été, d'ancienne date, ajouté un couvercle surmonté du globe impérial.
Travail italien du XVe siècle.

37. Custode de plan circulaire cuivre doré et émaillé d'épargne à rosaces et autres ornements.
Limoges, XIIIe siècle.

38. Autre custode à couvercle conique, de même travail et époque, émaillée de divers écussons d'armoiries.

39. Petite monstrance (ostensoir) en cuivre argenté de style ogival. XVIe siècle.

40. Corporalier en broderie soie et or. Dans le centre est représentée la scène de l'*Ecce Homo;* au bas se voit la multitude juive criant le *tolle*.

Sur le volet gauche est saint Jean écrivant son Evangile; sur la droite saint François d'Assises recevant les stigmates.

Ce bel échantillon d'un art qui a été porté à un si haut point de perfection au moyen âge est signé Pierre Vigier, 1621 ; le dessin cependant et les compositions, à notre avis, appartiennent encore au XVIe siècle.

41. Croix d'autel en argent, gravée de compassement de style gothique, avec fleurons à l'extrémité des branches et au centre, émaillés, en basse taille, de la figure du Christ et des évangélistes.

Ouvrage italien de la fin du XIVe siècle.

42. Croix fichée (à mettre sur l'autel) en cuivre très-finement gravé, doré et appliqué sur bois.

Travail allemand de la première moitié du XVIe siècle.

43. Croix processionnelle en cuivre frappé appliqué sur bois.

— Autre plus petite, toute en métal.

Epoque de Louis XII.

44. Croix-reliquaire revêtue d'argent frappé à feuillages, avec centre et empattement de filigrane orné de cabochons de pierreries diverses.

Le revers, en cuivre ciselé et doré, porte l'inscription des reliques qu'elle renferme : Magdalene, Joseph, Jheremie, Nicolai, Cosme et Damiani, Domiciani, Margarete, Katherine, Johanis Baptiste; De mensâ Domini, de petrâ Calvarie.

Ouvrage de Cologne, du commencement du XIIIe siècle.

45. Autre croix-reliquaire, en ébène garni d'argent ciselé et niellé. Sur la face, accompagnant le Christ, sont les figures des quatre évangélistes ; au revers, le tétramorphe et sur les viroles de sa base, l'indication des reliques : *De monte Calvario et sepulcro. — De presepio et columna flagellationis. — Detulit de sepulchro aliisque sacris locis prius tactis*, et autres illisibles.

Travail italien du commencement du XVIe siècle.

46. Email. — Le Christ en croix, figure d'applique en relief sur fond émaillé d'épargne à rosettes gouttées de diverses couleurs.

Limoges, XIIIe siècle.

47. Petite croix d'applique en cuivre repoussé et doré, avec fleurons ornés de feuillages et pierreries et un embranchement à la base, sur lequel reposent les figures de la Vierge Marie et de saint Jean.

Ouvrage allemand de la fin du XVe siècle.

48. Ivoire. — Paix ; la Vierge assise.

Travail italien de la première moitié du XIVe siècle.

49. — Petite paix formée d'un volet du même genre :

La Vierge entre deux anges.

Monture en cuivre doré.

Même fabrique et époque.

50. — La Vierge contemplant le divin enfant; paix en émail montée en cuivre.

Limoges, xve siècle.

51. Email. — L'Annonciation ; panneau cintrée par le haut provenant d'une paix.

Limoges, xve siècle.

52. Orceau ou bénitier à goupillon en fonte de cuivre.

xvie siècle.

53. Bénitier de forme architecturale, en ébène, rehaussé d'appliques en cuivre ciselé et doré, avec vasque en agate. Le centre de ce petit monument représente le baptême du Christ exécuté en corail.

xviie siècle.

54. Cuivre repoussé et doré. — Bénitier représentant le péché d'Adam ; belle ciselure avec encadrement contourné en style rocaille.

xviiie siècle.

55. Biscuit. — Bénitier d'alcôve ; belle composition française du xviiie siècle.

Fracturé.

56. Châsse à reliques émaillée d'épargne en couleurs sur fond doré; sur le devant se voit le Christ dans l'action de bénir, ayant à ses côtés sainte Marie-Madeleine et saint Martial.

Au revers le tétramorphe, c'est-à-dire les emblèmes des quatre Evangélistes.

Sur l'une des extrémités de la châsse est un saint que l'absence d'attributs nous empêche de déterminer; le panneau de l'extrémité opposée manque.

Limoges, XIIe siècle.

57. Reliquaire de plan hexagonal, avec pied et tige en cuivre doré et ciselé de gravures d'ornements divers.

Tr. italien du XVe siècle.

58. Cuivre repoussé et doré. — Sainte femme tenant un livre; figure d'applique provenant d'une châsse.

Limoges, XIIIe siècle.

59. Cuivre doré. — Petite volute de crosse épiscopale, provenant d'une tombe.

XIIe siècle.

60. Cuivre poli. — Petits chandeliers à cuvette et à pointe, pour l'usage religieux.

Même époque.

61. Chandelier d'autel en bois, recouvert de perles en verroterie de couleurs diverses.

Manque la patère.

XVIIe siècle.

62. Grand lustre en airain poli, à vingt-quatre lumières, partie à bobèches et partie à pointes, disposées en trois étages.

Le centre du lustre est occupé par un tabernacle à six piliers, qui contient une statuette de la Vierge; celles des douze Apôtres sont distribuées parmi les branches.

Ce lustre, de style gothique, est un des plus importants qui existent : il provient de l'église de Dordrecht.

Ouvrage de dinanderie allemande, exécuté vers la fin du XVe siècle.

63. Nappe d'autel en guipure de toile blanche.
XVIe siècle.

64. Tenture ou parement ecclésiastique dont l'usage nous est inconnu ; il se compose d'un carré d'étoffe brochée à fond d'or, représentant à droite le péché d'Adam et à gauche l'Annonciation ; le centre est occupé par quatre poches superposées en forme de cartables qui sont elles-mêmes décorées de figures d'animaux.

Cet objet, chef-d'œuvre de tissage, est un ouvrage français du XVIIe siècle.

65. Grand et très-beau crucifix en ivoire, les bras de la même pièce, dit improprement *janséniste*, avec son cadre en bois sculpté et doré de beau travail.
Epoque de Louis XIV.

66. Crucifix en buis rouge, de travail très-fin, avec cadre en écusson richement sculpté et doré, sur fond de velours.
Tr. français du XVIIe siècle.

67. Christ en bronze, détaché de sa croix.
Vierge de même matière.
Travail du XVe siècle.

68. Grande statuette de la Vierge en argent battu repoussé et ciselé, dorée en quelques parties et laissée en blanc dans d'autres.
Ouvrage italien très-remarquable du XVIIe siècle.

69. Autre grande statuette en ivoire, de bon travail français.

70. Grande couronne de Vierge ou de cérémonie, en faux brillants et cristaux de couleur, montés sur cuivre doré.

Cette couronne a son étui.

XVIIe siècle.

71. Ivoire. — L'enfant Jésus debout, bénissant de sa main droite et tenant le globe impérial de la gauche.

Travail espagnol du XVIIe siècle.

72. L'enfant Jésus tenant sa croix ; petite figure d'ivoire, de travail fin, revêtue d'une robe en guipure d'or rehaussée de perles.

Même matière. — Tête de jeune femme avec les mains, provenant d'une Vierge vêtue de même et destinée à être placée sur l'autel.

Très-beau travail italien du XVIIe siècle.

73. Noyer sculpté. — Retable se développant en quatre volets, représentant, en bas-relief, l'histoire de la Vierge.

Fin du XVe siècle.

74. — Calvaire. Le Christ en croix ; au bas, la Vierge et saint Jean, le tout de ronde bosse.

XVIIe siècle.

75. Grand *Agnus Dei* en cire blanche, encadré de cartillages dorés sur tranche ; sur la face se voit l'agneau portant le guidon de la croix et, au-dessous, les armes pontificales.

Le revers offre le Christ ressuscité, entouré des instruments de sa passion.

On sait que ces *agnus* étaient faits et bénis autrefois par les papes, en cérémonie solennelle, avec la cire restant du cierge pascal de l'année expirée.

xviie siècle.

76. Deux dizains (chapelets), l'un en agate d'Allemagne, garni en filigrane d'argent, l'autre en cuir côtelé et cuivre.

xviie siècle.

77. Broderie en soie de couleur sur fond de satin blanc, représentant la Sainte Famille.

Tr. italien du xvie siècle.

78. Miniature sur vélin. B. initial d'un Psautier ; dans la panse supérieure de la lettre on voit le roi David s'accompagnant de la harpe; dans la panse inférieure, le même est représenté coupant la tête à Goliath.

xiiie siècle.

79. Le Christ en croix avec saint Jean et la Vierge ; platine d'argent gravée et entourée des instruments de la Passion.

xviie siècle.

Cadre en écaille rouge.

80. Aumônière en bois sculpté de figures de saints et saintes.

Travail français du xve siècle.

Objet curieux, probablement destiné à faire la quête.

81. Vase à fleurs (pour orner l'autel) en cuivre repoussé à ornements.

xviie siècle.

ARMES ANCIENNES DE L'EUROPE.

82. Gantelet droit, forme mouffle, en acier uni. — Allemand XVIe siècle.
— Morion ou casque ouvert très-pesant.

83. Petit armet ou casque à visière, en fer.
Epoque de Louis XIII.

84. Masse d'armes en bois et fer.
XVIe siècle.

85. Deux épées civiles courtes, à lame plate et poignées à coquille, ciselées.
Epoque de Louis XIII.

86. Epée civile à lame triangulaire, poignée en argent fort bien ciselée, de la forme appelée *pas d'âne*.
Epoque de Louis XV.

87. Autre épée civile de même forme et époque, très-finement ciselée de sujets de figures, sur fonds hachés d'or, fourreau en galuchat.

88. Autre, de même forme et travail dans le style du Tunquin ; lame gravée et dorée.

89. Autre, de même forme et travail, mais repercée à jour.

90. Autre, de même forme et travail, avec fourreau pareil.
Epoque de Louis XVI.

91. Petite dague italienne; lame carrée, poignée en fer.
XVIIe siècle.

92. Bronze. — Petite pièce de canon (couleuvrine), richement ornée de figures allégoriques (Mars, etc.), montée sur son affût en bois, soigneusement ferré et garni de ses agrès.

Louis XIV.

93. — Autre petit canon également orné de ciselures et d'un écusson d'armes, monté de même.

94. — Deux fragments de canon de pistolet, finement ciselés.

Italiens XVIe siècle.

Belle platine kabyle richement ciselée.

95. Pulverin d'amorce, forme circulaire, en cuivre gravé et doré.

Travail allemand, XVIIe siècle.

96. Eperon en fer, richement façonné.

Travail allemand du XVIIe siècle.

Un fermail d'escarcelle ciselé, style de Henri II.

97. Couteau de chasse à lame gravée et poignée en corne, garnie de cuivre ciselé en relief.

Louis XV.

98. Autre couteau de chasse avec lame d'attaghan en damas, poignée en ivoire et garnitures en cuivre ciselé.

99. Plusieurs armes blanches et à feu, plus ou moins anciennes, seront vendues sous ce numéro.

MOBILIER CIVIL ANCIEN ET MODERNE.

100. Grand lit à quatre colonnes cannelées et sculptées, avec ciel en menuiserie et dossier ornementé en relief, le tout en noyer, bien conservé.

Il est garni de sommier, matelas, couverture, rideaux et baldaquin d'ancien lampas rayé rouge, vert et jaune.

Seconde moitié du XVIe siècle.

Les lits de ce temps sont très-rares.

101. Lit à quatre quenouilles en palissandre sculpté, de style rocaille.

Ce meuble, d'une exécution très-soignée, est un de ces rares ouvrages fabriqués au Brésil par des artistes européens, au commencement du XVIIIe siècle.

102. Autre lit à quatre quenouilles cannelées, garni d'ancienne étoffe aux deux dossiers.

Ancien Louis XVI.

(V. à l'article étoffes et tapisseries pour les anciennes garnitures de lit.)

103. Pliant orné de marqueterie géométrique d'ivoire et bois de couleurs diverses.

Il manque à ce siége, très-rare du reste, les accoudoirs seulement, et non le dossier, car ce meuble n'en admet pas.

Ouvrage italien du XVe siècle.

104. Haute chaise en menuiserie sculptée, avec dossier plein, accoudoirs et fronton, décorée de cariatides, mascaron et d'un panneau central représentant Minerve; le tout d'un très-bon travail.

Ecole de Lyon, seconde moitié du XVe siècle.

Les belles chaises de cette époque sont très-rares.

105. Autre chaise en menuiserie, d'une ornementation plus simple, avec dossier à claire-voie.

Même Ecole et époque.

106. Quatre chaises et deux fauteuils en palissandre sculpté, foncés en velours d'Utrech noir et rouge.
Ancien Louis XV.

107. Une dormeuse ou chaise longue, un grand canapé et deux fauteuils foncés en jonc.
Ancien Louis XV.

108. Autre dormeuse et canapé, avec ses deux fauteuils, également foncés en jonc.
Epoque de Louis XVI.

109. Grand canapé et quatre fauteuils sculptés et foncés en ancienne tapisserie de laine à ramages.
Epoque de Louis XV.

110. Grand fauteuil en bois sculpté et doré, sur fond blanc, avec dossier en médaillon, le tout foncé en tapisserie d'Aubusson, à fleurs sur fond bleu.
Epoque de Louis XVI.

111. Chaise de même forme, également dorée et foncée en ancienne tapisserie de laine à fleurs.

112. Deux chaises foncées en étoffe de laine rayée en couleur ; les bois et dossiers sculptés à jour et peints.
Epoque de Louis XVI.

113. Neuf anciens bois de chaises ou fauteuils, des XVIIe et XVIIIe siècles, dont un encore garni en velours de laine.

114. Grande table dite *à deux piliers*, en noyer, richement sculptée de chimères et autres figures, avec patins et entrejambes à colonnes cannelées.

Ecole de Lyon ; deuxième moitié du XVIe siècle.

Cette belle table provient du château de la Pape, près Lyon.

115. Table à deux piliers, soutenue par quatre colonnes canelées en saillie, et deux patins à chaque extrémité, avec entrejambe à balustre dans la longueur.

XVIIe siècle.

116. Petite table à pied de biche avec tiroir, richement marquetée en bois et ivoire de couleur sur fond d'écaille.

Le centre de l'ornementation offre deux écussons d'armoiries surmontés d'une couronne de comte, et un chiffre quatre fois répété et couronné de même occupe les angles de la table.

Travail français de la fin du XVIIe siècle.

117. Table de noyer avec pieds et entrejambe tors.

XVIIe siècle.

118. Autre table à quatre pieds en gaîne réunis par une entrejambe, le tout plaqué, dessus compris, en compartiments de bois de rose.

Epoque de Louis XIV.

119. Petite table-console, portée sur huit pieds tors, avec tiroir, en placage de racine et le dessus couvert de velours.

XVIIe siècle.

120. Petite table de jeu en noyer, avec pieds et entrejambe contournés et dessus en tapisserie de laine

tissue, représentant des cartes et autres accessoires de jeu.

XVIIe siècle.

121. Grande table de milieu, en bois sculpté et doré, décorée de rinceaux et mascaron, avec pieds en cariatides ; le dessus, parqueté d'un travail à réseau, en brèches variées de couleur et de qualité, est encadré d'une moulure en bronze doré.

Epoque de Louis XIV.

122. Deux pieds dorés, à entrejambe, richement sculptés en style rocaille, avec dessus contournés en marbre blanc.

Epoque de Louis XV.

123. Grande table de bureau en bois noir, à pieds de biche et le dessus recouvert en cuir, richement garnie et encadrée de bronze ciselé.

Ancien Louis XV.

124. Petite table à ouvrage avec tiroir, bois noir avec garnitures dorées.

Ancien Louis XV.

125. Petite table en noyer, ornée de filets en bois de couleur, et un tiroir plaqué de même à guirlandes de marqueterie.

Epoque de Louis XVI.

126. Autre table avec abattant et casier fermant à coulisse, dite *bonheur du jour*, également plaquée en bois de rose ou de satiné.

Epoque de Louis XVI.

127. Petit guéridon de plan ovale, avec tiroirs, écran et un petit bureau à l'intérieur, le tout plaqué en bois de rose, avec dessus en marbre blanc.

Epoque de Louis XVI.

128. Grande crédence avec dossier, forme droite, à deux portes et tiroirs, sculptée de bustes en médaillons et d'arabesques.

Epoque de François Ier.

129. Crédence en chêne sculpté, forme prismatique, représentant Esther devant Assuérus, sur le panneau central, et des anges tenant des écussons sur les deux autres.

Epoque de François Ier.

130. Crédence en chêne et noyer, forme à pans coupés, représentant en buste le Christ au roseau, la Vierge et les Saintes femmes.

Bon travail de l'époque de François Ier.

131. Haut de crédence à deux portes, décoré de cartouchages et cariatides.

XVIe siècle.

132. Buffet étagère de salle à manger, en noyer sculpté; style de la fin du XVIe siècle.

133. Coffre en noyer sculpté sur la face antérieure.

Il représente l'Adoration des Mages; ceux-ci sont suivis d'un cortége de cavaliers disposé, ainsi que la scène principale, sous des arceaux d'architecture ogivale.

Même Ecole; fin du XVe siècle.

134. Coffre en noyer sculpté, composé de quatre panneaux de nervures, à style gothique, séparés par des piliers boutants.

Ce coffre a encore sa serrure.

Fin du xve siècle.

135. Coffre en noyer orné de quatre panneaux de fenêtrages gothiques.

xve siècle.

136. Coffre en noyer sculpté sur la face d'une longue arcature renfermant, au centre, le Christ en majesté et, de droite et de gauche, les Apôtres, ainsi que les Saintes Femmes.

On a disposé ce coffre en banquette, en clouant un coussin de velours d'Utrecht, sur le couvercle.

Epoque de Louis XII.

137. Autre coffre en noyer, sculpté de cinq panneaux d'arabesques, séparés par des pilastres de même style.

Les retours de ce coffre sont ornementés comme le devant.

Epoque de Louis XII.

138. Beau coffre en noyer, présentant, sur la face, six panneaux d'arabesques et animaux, séparés par des pilastres, avec un soubassement de pareil style.

Les retours sont ornementés de même.

Epoque de François Ier.

139. Autre coffre sculpté de quatre bustes des deux sexes et de cinq mascarons sur la partie antérieure, ainsi que de panneaux de draperies sur les retours.

Epoque de François Ier.

140. Autre coffre en chêne, sculpté sur ses trois faces de bustes en médaillons et d'arabesques.
Epoque de François Ier.

141. Autre coffre en noyer, ornementé de grands rinceaux d'arabesques, avec retours égalemen t sculptés.
Epoque de François Ier.

142. Grand coffre en chêne, sculpté sur le devant, de quatre panneaux représentant saint Jean, sainte Barbe et deux autres saintes peu caractérisées.
Les deux retours sont également ornés.
Travail flamand du XVIe siècle.

143. Autre coffre en noyer, sculpté de bas-reliefs sur les trois faces.
Il représente la métamorphose d'Actéon.
Ecole lyonnaise à l'imitation de celle de Fontainebleau ; XVIe siècle.

144. Grand coffre richement décoré partout en marqueterie de bois jaune sur fond de noyer.
Il représente des jeux d'enfants; un médaillon placé au centre parait être un écusson d'armoiries.
Ouvrage italien de la première moitié du XVIe siècle.

145. Coffre à l'usage de femme, couvert en broderie de laine. XVIIe siècle.

146. Petit coffret rectangulaire en bois argenté, recouvert de panneaux à claire-voie, en étain, réprésentant le crucifiement et de nombreuses figures de saints et saintes sous des ogives. — XVe siècle.

147. Coffret de forme rectangulaire en bois de corail, richement incrusté de marqueterie géométrique en ivoire.

Ouvrage de la Certosina de Pavie. XVIe siècle.

148. Coffret forme bahut, fermant à trois clés, en cuir, ciselé d'ornements et initiales gothiques, autrefois dorés.

Tr. français de l'époque de Louis XII.

149. Autre petit coffret en noyer, sculpté dans le style de la seconde moitié du XVIe siècle.

150. Coffret forme bahut, en bois, richement incrusté de filetages en cuivre et fleurs de nacre gravés.

Epoque de Louis XIII.

151. Autre coffret forme de bahut et à double fond, couvert en velours rouge et garni en cuivre doré.

XVIIe siècle.

152. Coffret enrichi d'ornements et de figures représentant des sujets de l'histoire ancienne, exécutés en pâte applique sur fond doré.

Travail italien du commencement du XVIe siècle.

153. Coffret-écritoire en forme de buvard, avec coussin sur le couvercle.

L'extérieur est entièrement recouvert en feuille d'argent frappée d'ornements, et l'intérieur, décoré de même en partie et d'une glace, contient neuf petites boites ou flacons d'argent ou bouchés en argent, y compris l'écritoire et le poudrier.

Tr. allemand du XVIIe siècle.

154. Grande armoire à deux corps et à quatre portes, avec tiroirs et fronton, en noyer, de très-belle sculpture.

Ce meuble présente quatorze cariatides de haut relief, en comptant celles de retour ; les panneaux sont ornés d'arabesques et de mascarons ; toutes les moulures, frise, corniche et base offrent l'ornementation la plus serrée, et l'extérieur, ce qui est rare, conserve encore sa doublure de soie.

Ouvrage de l'Ecole lyonnaise sous Henri III.

155. Autre grande armoire à deux corps et à quatre portes, dont les panneaux sont remarquables.

Ce meuble offre trois cariatides sur la face du corps supérieur ; elles sont remplacées par des pilastres dans le corps inférieur.

Ecole lyonnaise de la même epoque.

156. Autre armoire disposée de même et appartenant à la même Ecole.

Ce meuble a sa garniture intérieure.

157. Autre grande armoire à deux corps et à quatre portes, décorée d'ornements plats et pilastres, avec moulures, corniche et base également sculptées.

158. Petite armoire à deux corps et à quatre portes, celles du corps supérieur à claire-voie et les inférieures à panneaux sculptés.

Les angles de ce meuble sont flanqués, haut et bas, de colonnes engagées, répétées derrière et d'un très-bon effet.

Ecole lyonnaise en sculpture de bas-relief, dans le style de celle de Fontainebleau.

Seconde moitié du XVIe siècle.

159. Deux panneaux en noyer sculpté, représentant Vénus et Junon, provenant d'une armoire pareille.

Ecole de Fontainebleau.

Ils sont encadrés en bois noir.

160. Armoire à quatre portes, avec deux tiroirs en bois sculpté mis au noir.

Les panneaux, de beau travail, représentent les vertus cardinales.

Ecole de Lyon, seconde moitié du XVIe siècle.

161. Autre armoire à deux corps, de très-riche sculpture; elle se compose de quatre portes dont les panneaux représentent les figures équestres de Cyrus, d'Alexandre, de Ninus et de César; de quatre tiroirs et d'un fronton décorés de chasses, de quatorze cariatides et d'une multitude d'ornements en plein relief.

Ecole lyonnaise, époque de Henri IV.

162. Armoire en noyer à deux corps, quatre portes et quatre tiroirs, décorée de colonnes et moulures.

XVIIe siècle.

163. Cabinet en ébène à deux ventaux et deux tiroirs, décoré extérieurement et intérieurement avec soubassement et entrejambes à pieds tors.

Les deux ventaux sont sculptés de figures, avec encadrements en moulures guillochées; l'intérieur contient, comme d'habitude, un petit oratoire, lequel est fermé à une porte, et, de plus, quatorze tiroirs.

Epoque de Louis XIII.

164. Autre cabinet d'ébène à moulures guillochées, avec

panneaux et cariatides en cuivre doré et écaille rouge, fronton, etc.

Il contient seize tiroirs et un oratoire à l'intérieur. Même époque.

165. Autre cabinet du même genre, en bois noir, cuivre et écaille rouge, d'une architecture très-compliquée, avec un fronton élevé, accompagné d'acrotères.

On y compte vingt-un tiroirs et trois petites armoires, le tout fermant à clé.

Même époque.

166. Petit cabinet en ébène, avec fronton, acrotères, portes et abattant pour servir de bureau, ornés de très-belles peintures à l'huile de sujets de la Passion de J.-C., par Frank.

L'intérieur contient quatorze tiroirs et une case centrale en ébénisterie, exécutée avec le plus grand soin.

Travail hollandais du XVIIe siècle.

Ce précieux meuble faisait partie de la collection de la duchesse de Berry.

167. Petit cabinet d'ébène, plaqué d'ivoire gravé, à figures, trophées, paysages et autres ornements.

Il contient neuf tiroirs et un oratoire à l'intérieur décorés de même.

Ouvr. flamand du XVIIe siècle.

168. Autre cabinet de même genre, plus petit, orné de filets et compartiments d'ivoire gravé.

Il contient aussi un petit oratoire à l'intérieur, accompagné de huit tiroirs décorés de même.

XVIIe siècle.

169. Secrétaire ou bureau de forme droite, avec abattant, grand tiroir au sommet et petite armoire à la base, plaqué en marqueterie de bois de rose, palissandre, etc., dans le genre de Riesner, et dessus en brèche rose.

L'intérieur contient six petits tiroirs et des tablettes.

Epoque de Louis XVI.

170. Bureau forme pupitre, avec abattant, double fond et sept tiroirs à l'intérieur et quatre extérieurement; le tout plaqué en marqueterie à fleurs, genre Riesner et garni en bronze doré.

XVIIIe siècle.

171. Commode forme carrée à pans coupés, en palissandre fileté de cuivre, avec garnitures ciselées et dorées.

Ancien Louis XIV.

172. Commode forme ventrue et à trois tiroirs, plaquée en bois de rose ou de satiné, avec garnitures en cuivre ciselé de beau style rocaille.

Ancien Louis XV.

173. Petite commode forme ventrue, plaquée en bois de rose, avec garnitures en bronze rocaille et dessus de brèche grise.

Epoque de Louis XV.

174. Grande cheminée avec trumeau en chêne richement sculpté et autrefois doré, dans le style de l'époque de la Régence.

Provenant de la grande salle de l'Hôtel-de-Ville de Lyon.

175. Autre cheminée, de grandeur ordinaire, en noyer sculpté, de style Louis XV.

176. Deux écrans de cheminée (les bois seulement), dont un sculpté, du temps de Louis XV.

177. Grande boiserie de fontaine de salle à manger, de belle sculpture, analogue à l'article n° 174.

178. Deux grands arcs de couronnement d'alcôve en bois sculpté, de l'époque Louis XV.

179. Grande natte de parquet en jonc de l'Inde.

GLACES ET MIROIRS.

180. Grande glace biseautée, avec large et riche cadre sculpté et doré, dans le fronton duquel les déesses Junon, Pallas et Vénus, sont représentées de ronde bosse.

Epoque de Louis XIV.

Il provient du château de Grignan.

181. Grande glace de cheminée, avec cadre en anse de panier richement sculpté et doré, de style rocaille.

Epoque de Louis XV,

182. Petite glace biseautée, forme carrée, avec cadre en saillie et fronton contenant un chiffre couronné, le tout sculpté et doré.

Epoque de Louis XIV.

183. Autre glace à cadre repercé de même, sculpté et doré.

Epoque de Louis XIV.

184. Deux glaces cintrées dans le haut, avec cadres découpés à jour, sculptés et dorés sur fond de glace.
Epoque de la Régence.

185. Petite glace biseautée, avec cadre sculpté et doré.
Epoque de la Régence.

186. Autre grande glace cintrée et arrondie dans les angles, avec cadre sculpté et doré, de style rocaille.
Epoque de Louis XV.

187. Petite glace arrondie dans les angles, avec cadre contourné, sculpté et doré, de style rocaille.
Epoque de Louis XV.

188. Autre grande glace cintrée en anse de panier dans le haut, avec cadre richement sculpté, de style rocaille.

189. Miroir de toilette biseauté ; encadrement et revers en marqueterie de boule sur écaille rouge.
Epoque de Louis XIV.

190. Petit miroir de toilette, richement encadré de cuivre doré et ciselé, de travail très-fin.
Ouvrage allemand du XVIIe siècle.

191. Petit miroir de Venise, avec cadre plaqué en racine et appliques de cuivre frappé.
XVIIe siècle.

192. Miroir de toilette, avec monture fermant à deux volets et appui, recouverte en velours cramoisi, richement galonnée et garnie d'écoinçons, charnières et crochets en cuivre repercé et doré.
Ancien Venise, XVIIe siècle.

LUSTRES, CHANDELIERS ET CHENETS

193. Lustre en cuivre poli, de forme flamande, à douze lumières disposées sur deux rangs.

194. Petit lustre à huit branches, en ébène et ivoire; ouvrage de tour.

195. Chaînon de lustre vénitien en fer.
xvie siècle.

196. Une petite lampe d'église en cuivre ciselé et argenté, avec ses chaînes et son chapiteau.
xviie siècle.

197. Gros chandelier de dinanderie, à deux lumières et à cuvette, formé de la figure d'un enfant tenant les deux bobêches.
Commencement du xvie siècle.

198. Chandeliers à deux lumières de plan rond festonné, style Louis XV.

199. Petit chandelier à deux lumières, en cuivre doré et festonné.
xviiie siècle.

200. Une paire de lumières de paroi à deux branches, en bronze doré, belle ciselure de l'époque de Louis XVI.

201. Bougeoir à deux lumières, cuivre ciselé et argenté.
xviiie siècle.

202. Chandeliers forme ovoïde, avec larges bases circulaires, de style vénitien, incrustés de filets d'argent.

203. Deux petits chandeliers en bronze doré, formés de deux figures (cavalier et dame), dans le costume Louis XIII, sur pied hexagone, de très-jolie ciselure.
Travail flamand du XVIIe siècle.

204. Airain poli. — Petit chandelier à cuvette; dinanderie du XVIIe siècle.

205. — Petits chandeliers, de plan octogonal, richement ciselés en style Louis XIV.

206. — Chandeliers de plan octogonal, avec ciselures
Ancien Louis XV.

207. — Chandeliers de plan rond, en cuivre doré, de style rocaille.
Ancien Louis XV (redorés).

208. — Chandeliers en cuivre ciselé, de style Louis XV.
Beau modèle.

209. — Petits chandeliers à base ronde, ornés de ciselures.
Style Louis XV.

210. — Chandeliers en cuivre argenté, style Louis XV.

211. Une paire de chandeliers, forme de colonne cannelée, en cuivre ciselé.
Style Louis XVI.

212. Petits chandeliers ciselés, forme de vase, style Louis XVI.

213. Autres petits chandeliers de même style et à base ronde.

214. Chandelier en cuivre doré, formé d'un trophée d'emblèmes amoureux.

Une traverse percée de trous et placée sur le devant nous porte à penser que cet ustensile servait à tenir le tour de gorge en filet que les dames du siècle dernier, étaient dans l'usage de se tisser elles-mêmes, à l'aide des élégantes navettes dont le n° 353 de ce catalogue offre un spécimen.

Fin du règne de Louis XV.

215. Lampe en verre et étain, marquant les heures de la veillée.

XVIe siècle.

216. Une paire de grandes lampes de table à quatre becs, verre et cuivre.

Travail italien du XVIIe siècle.

217. Deux autres lampes du même genre, tout cuivre, dont une très-petite.

218. Mouchettes et porte-mouchettes en cuivre ciselé.

219. Mouchettes d'acier bleuté et damasquiné d'or, avec porte-mouchettes en cuivre ciselé et doré.

Ancien Louis XV.

220. Deux escails (lampes de suspension), en fer. — Un autre en cuivre.

XVIIe siécle.

221. Lanterne en bois sculpté, en forme de pavillon. — Autre lanterne en cuivre, avec ornements repoussés.

222. Grands chenets en airain poli, ornés de mascarons et surmontés de globes fleurdelisés.

Ouvrage de dinanderie du XVII siècle.

223. Autres chenets de même genre et forme, dont les globes sont ornés de godrons.

224. Autres chenets de dinanderie, de forme ovoïde, et moins grands que les précédents.

225. Petits chenets en cuivre doré, sphinxs de femmes couchés sur des socles à lambrequins.
Modèle de Boule, ancien Louis XIV.

226. Petits chenets en cuivre doré, décorés de mascarons de femme, de têtes de béliers et autres ornements de très-bon style.
Epoque de la fin du règne de Louis XIV.

227. Chenets richement ornés de vases sur cippes cannelés de médaillons, etc., en cuivre ciselé.
Style Louis XVI.

228. Airain. Deux colonnes à fût ciselé de feuillages, pièces d'enfilage provenant de chenets.
XVIIe siècle.

HORLOGERIE.

229. Horloge automatique, figurant un cavalier dans le costume de l'époque de Henri IV ; personnage historique, probablement.
Le socle, qui contient le mouvement, présente deux cadrans : celui des heures et celui du réveil, le tout en cuivre doré, avec soubassement en ébène.
Ouvr. de Nuremberg de la fin du XVIe siècle.

230. Horloge en forme de clocher, de plan carré présentant quatre cadrans, un pour les heures : contenant

celui du réveil; l'autre marquant les quarts, et, au revers, celui pour le règlement de la sonnerie.

Ouvr. de Nuremberg, en cuivre doré et ciselé. Commencement du XVIIe siècle.

231. Autre horloge de même forme, contenant les mêmes cadrans.

Fabrique et époque semblables.

232. Petite horloge de table de forme carrée, monture en cuivre doré richement ciselé.

233. Grande et très-belle pendule du nom de Pierre Leroy, à Paris, monture forme de lyre en bronze doré mêlé de quelque marqueterie, avec cadran et console de même, et une figure de l'Amour en couronnement.

Cette pendule sort des ateliers de Boule, tapissier de Louis XIV, et qui a donné son nom à ce genre, qu'il avait créé.

On sait que les rares œuvres qui appartiennent réellement à cet artiste, sont très-recherchées et de grande valeur.

234. Grande et belle pendule, forme droite cintrée, par le haut, portant quatre cadrans : celui de l'heure, en bronze doré et ciselé avec les chiffres en écussons ; le cadran des jours de la semaine; celui des phases de la lune; le cadran annuel, marquant les mois; plus un petit cartel pour les épactes.

La monture est en marqueterie de Boule sur écaille noire, enrichie de très-beaux ornements en bronze doré de relief, surmontés d'une figure de même.

Cette pendule peut servir pour cheminée ou en paroi, ayant une console en queue de lampe du même décor que la monture.

Ancien Louis XIV.

235. Très-grande et belle pendule forme lyre, du nom de J.-B. Baillon, à Paris, en marqueterie de Boule sur écaille noire, avec riches garnitures ciselées et dorées, de beau style; le support en queue de lampe et le couronnement de même; ce dernier surmonté de la figure de Jupiter.

Epoque de Louis XIV.

236. Pendule forme lyre, en marqueterie de Boule sur écaille noire, garnie en cuivre ciselé et doré, surmontée de l'Amour tenant une faux, et accompagnée de sa console de même travail.

Epoque de Louis XIV.

237. Pendule forme droite, avec amortissement au sommet, en marqueterie de Boule sur écaille noire et garnitures ciselées en relief.

Ancien Louis XIV.

238. Petite pendule à réveil, forme de lyre, monture en cuivre doré.

Belle ciselure de l'époque de Louis XIV.

239. Pendule de chambre à coucher, à tirage; monture forme de lyre, en marqueterie de Boule sur écaille noire, avec belles garnitures en cuivre ciselé et doré.

Epoque du Régent.

240. Garniture de cheminée se composant d'une grande pendule forme vase, en marbre blanc, soutenue par un grand socle et deux figures d'enfants en bronze doré, avec accessoires du même.

Et de deux candélabres de bronze doré à six lumières de branches de lis, avec bases de composition analogue à la pendule.

Style Louis XV.

241. Une pendule, du nom de Barat, à Paris, de forme circulaire, soutenue par une jeune femme assise sur un lion et tenant une épée, avec base et riches accessoires de style rocaille, le tout en bronze doré, de très-belle ciselure.

Ancien Louis XV.

242. Pendule de paroi, en forme de cartouche, et portant le nom d'Amant, à Paris, décorée de mascaron, vase et chutes de fruits et feuilles, en bronze doré, de très-bel effet et d'une bonne ciselure.

Ancien Louis XV.

243. Petit cartel avec cadran à bossages; monture en cuivre doré et ciselé, de style rocaille.

Epoque de Louis XV.

244. Petit cartel forme lyre, en marqueterie de Boule sur écaille rouge, et garnitures ciselées en bronze doré.

Ancien Louis XV.

245. Pendule de cheminée, du nom de Bouchet, horloger du roi, en marbre blanc, surmontée ou accotée de

trois figures de ronde bosse, en bronze doré,de belle ciselure.

Ancien Louis XVI.

246. Pendule forme cartouche, du nom de Baltazar, à Paris, beau style rocaille, en bronze doré.

Ancien Louis XV.

247. Garniture composée d'une petite pendule en cuivre doré, à sujet chinois, avec socle en marbre blanc.

Et deux girandoles à trois lumières en même matière, portées par des Amours en bronze noir, et socles pareils à la pendule.

Epoque de Louis XVI.

248. Pendule de cheminée du nom de Vincent, à Paris, en biscuit blanc et bleu, surmontée de la figure de Fanchon-la-vielleuse.

Epoque de Louis XVI, mais montée sous l'Empire.

249. Pendule de forme cylindrique, supportée par une figure égyptienne en marbre blanc.

250. Petite montre à répétition,avec boite en cuivre ciselé et doré, ornée de deux petits portraits en émail et de petits brillants en cailloux du Rhin.

Epoque de Louis XVI.

251. Autre montre à mouvement simple, avec boîte en or, à jour vers le fond et richement ornée en cailloux du Rhin.

Même époque.

252. Autre montre de même, avec boîte d'argent damasquinée de sujets chinois.

253. Grosse montre avec boîte de cuivre uni, le cadran ciselé et les heures en écussons.

Epoque de Louis XIV.

254. Double boîte de montre en chagrin garni de cuivre doré.

Même époque.

255. Ivoire. — Montre solaire de poche, richement gravée, contenant une boussole, une table des méridiens et un cadran en argent indiquant la position du soleil pendant le cours de l'année.

Tr. français du XVIIe siècle.

256. Console d'horloge en bois sculpté et doré, représentant le Temps et autres figures accessoires.

Beau travail français de l'époque de Louis XIV.

257. Autre support de pendule en queue de lampe, bois sculpté et doré.

Epoque de Louis XIV.

258. Cuivre doré. — Chaîne de montre pour femme vulgairement appelée châtelaine, ciselure à jour, du siècle dernier.

259. Petit cordon de montre en galon de soie verte, garni de petites boucles et passant d'or, enrichi de petites perles et rubis; ouvrage très-fin.

— Boucle de ceinture de la forme ovale, garnie de grenats syriens.

Epoque de Louis XVI.

(V. l'article Chine, pour une belle garniture de cheminée lacquée à l'imitation de Chine).

TABATIÈRES.

260. Cuivre doré — Râpe à tabac représentant un homme dans l'action de râper la prise.
Travail français du XVIIe siècle.

261. Ivoire. — Râpe à tabac sculptée en relief : Suzanne au bain aperçue par les vieillards.
Bon travail du XVIIe siècle.

262. Râpe à tabac; émail de Limoges (Laudin), représentant une jeune dame tenant un cœur.
XVIIe siècle.

263. Petite tabatière en buis : Jupiter et Junon, groupe finement sculpté de ronde bosse.
Travail italien, XVIIe siècle.

264. Tabatière en écaille fileté d'or. Sur le couvercle est une médaille de Charles Ier d'Angleterre, entourée de l'ordre de la Jarretière. Un chiffre, surmonté de la couronne royale, placé sous le fond, prouve que cette boite était à l'usage de Charles II.

265. Tabatière en porcelaine de Saxe, ornée de bergeries et paysages en couleur sur fond blanc.
Epoque de Louis XV.
— Autre en porcelaine blanche guillochée, avec garniture en cuivre ciselé et doré.
Même fabrique et époque.

266. Petite tabatière ronde en vernis Martin, avec fine peinture sur le couvercle : *Le jeu de colin-maillard*.
Fond rubis sur guilloché.
Epoque Louis XV.

267. Tabatière ronde en ivoire doublé d'écaille : sujets militaires dessus et dessous par Klingstett.
xviiie siècle.

268. Tabatière de forme ovale, en or guilloché et surémaillé de violet, avec rangs de perles fines de beau choix.
Tr. de Paris sous Louis XVI.
Etui en galuchat.

269. Or émaillé.— Très-belle tabatière de forme carrée, à pans coupés ; décor fond bleu lapis sur guilloché, avec frises d'or de la plus grande finesse. Sur le couvercle est un sujet en couleur tiré de l'Iliade.
Ouvrage de Genève (ou Paris) de l'époque de Louis XVI.

270. Tabatière de forme carrée, à pans coupés, en écaille piquée d'or ; garniture et intérieur en or ciselé.
Très-belle qualité de l'époque de Louis XVI.

271. Deux boîtes à tabac (de fumeur) en cuivre gravé.
Tr. hollandais du xviie siècle.

272. Bonbonnière en poudre d'écaille noire, incrustée de fleurs argent et burgau.
xviiie siècle.

BAGUES ET JOYAUX ; PIERRES GRAVÉES.

273. Argent. Ceinture de femme en chaîne gourmette et accesoires ciselés à figures de haut-relief.
Travail flamand de la fin du xvie siècle.

274. Agraffe de ceinture et pendants d'oreille en filigrane de cuivre doré.
Travail gênois.

275. Petite croix de cou, repoussée en saillie, avec crucifix en or émaillé et enrichi de quatre perles.
— Autre petite croix, forme pattée, en or, également émaillée, ayant au centre une tête de mort.
xvie siècle.

276. Petite croix en cristal de roche, garnie en filigrane d'or émaillé, et le Christ de même métal.
Travail italien, xviie siècle.

277. Autre petite croix pectorale en or émaillé, fleuronnée et enrichie de trois perles pendantes.
xviie siècle.

278. Petit collier avec croix en pendentif, d'or enrichi de perles, de grenats et de faux brillants, et les pendants d'oreille de même.

279. Petit médaillon en pendant, or émaillé, avec une figure de saint peu caractérisée, montrant cette devise : *Timete Deum*, inscrite au-dessus de sa tête.
xvie siècle.

280. Petit pendentif de cou en or ciselé, avec chaton en cristal et pendeloque de prime d'émeraude.
xvie siècle.

281. Pendant de cou en or repercé à jour et émaillé, portant au centre la figure de N. D. *del Pilar*, avec pierreries en faux brillants.
Travail espagnol.

282. Pendant de cou en argent doré, travaillé à jour de fleurs et rinceaux, avec fausses opales.
xviie siècle.

283. Deux pendentifs de cou : l'un quadrilobé et formé de cinq améthystes serties d'or émaillé, l'autre de cristal de roche en forme de cœur, serti d'argent, contenant des églomisures de fleurs et initiales sur fond d'or.
xviie siècle.

284. Plaque de cou en trois pièces, d'or repercé à jour avec petits brillants en jargon.
xviie siècle.

285. Médaillon reliquaire de forme ovale, en cristal de roche, avec peinture en dessous représentant : d'un côté saint Ignace et de l'autre un portique, au centre duquel paraît être une relique ; le tout serti en or émaillé de blanc et de noir.
xviie siècle.

286. Médaillon de cou ; jaspe brun intaille : buste de la Vierge sur une face et saint Joseph en pied de l'autre.
Sertissure en argent, xviie siècle.

287. Autre pendant de cou ou papillon en or repercé et ciselé de rinceaux, avec chatons de grenats et une perle en pointe.
xviie siècle.

288. Petit médaillon contenant une pâte intaille : sacrifice d'après l'antique, sertie en argent gravé.

289. Petite pomme de senteur; argent ciselé et enrichi de petits diamants tables.

xviie siècle.

290. Broche d'or avec intaille d'armoiries sur cornaline.

291. Plaque de broche en or ciselé à jour et émaillé, représentant un jeune couple avec les mots : *Souvenir d'amitié.*

Fin du xviiie siècle.

292. Broche d'or, forme oblongue, contenant un petit trophée de musique très-délicatement sculpté par Bozzanigo, de Turin.

293. Broche d'or en forme d'aigle, dont le centre renferme le portrait en émail de Napoléon Ier dans le costume encore de premier consul.

294. Petit médaillon serti d'or, contenant, sous verre, le portrait de Louis XVIII.

295. Bague d'or à chaton élevé, contenant un béril (aigue marine); autour de l'anneau, on lit : *Jesus autem transiens.*

xive siècle.

296. Deux bagues : l'une d'argent doré, à deux dragons mordant une boule; l'autre torse, avec le monogramme de Jésus sur le chaton.

xve siècle.

297. Bague d'argent, forme virole, avec l'inscription : *Jhesus Maria*, répétée deux fois.

xve siècle.

— Deux bagues et un fermaillet bronze moyen-âge.

298. Bague d'or avec chaton convexe, orné de petits diamants tables ; l'anneau émaillé.

xvie siècle.

299. Deux bagues d'or ciselé : l'une portant une aventurine, l'autre une prase.

xvie siècle.

300. Deux bagues avec chatons : l'un d'une crapaudine, l'autre portant une inscription.

xviie siècle.

301. Deux bagues d'or avec chatons, l'un circulaire, portant un petit diamant table entouré d'étincelles, l'autre des grenats et turquoises.

xviie siècle.

302 Deux bagues avec chatons en or émaillé : l'une portant un cristal ovale, l'autre un diamant table.

xviie siècle.

303. Deux bagues en or avec chatons : l'un d'une perle entourée de grenats, l'autre de trois petits diamants tables.

xviie siècle.

304. Deux bagues en argent ciselé : l'une garnie de faux brillants, l'autre représentant une femme au bain sur le chaton.

Fin du xviie siècle.

305. Deux bagues d'or avec chatons : l'un portant une tête à l'antique, l'autre formé d'un bouquet en petits diamants roses (fracturé).

Commencement du xviiie siècle.

306. Deux bagues d'or à chatons oblongs, l'un repercé à jour et garni de marcassites, l'autre d'un emblème finement exécuté en semence de perles sous cristal, avec entourage de même.

xviiie siècle.

307. Camée. Tête de jeune homme ; cornaline rouge avec monture d'or (bague) ciselée.

xviiie siècle.

308. Bague d'or à grand chaton, contenant un portrait de jeune fille ; peinture monochrome très-habilement touchée.

Epoque de Louis XVI.

— Autre à petit chaton tournant; portait de femme.

309. Trois bagues : l'une d'or avec chaton ouvrant, enrichie de turquoises; l'autre d'un jaspe vert à inscription, et la troisième d'argent, avec un grand chaton ouvrant gravé d'inscriptions en relief.

Travail turc.

310. Deux bagues d'or ; l'une à chaton tournant émaillé et entouré de perles, l'autre une pierre noire incrustée de caractères orientaux en or.

xviiie siècle.

311. Deux bagues, l'une en filigrane, forme chevalière, ornée de têtes de monstres, et d'une inscription, l'autre en or avec chaton en jade vert accompagné de deux autres pierres.

Ouvrage de Chine.

312. Pierre gravée. Jeune héros assis ; améthyste orientale antique, finement traitée et montée en chevalière de forme antique.

313. Deux bagues d'or; l'une forme chevalière ciselée, l'autre avec chaton tournant d'un scarabée onyx antique, portant une tête de femme en dessus et un quadrige au revers.

314. Deux bagues ; pierres gravées antiques, l'une d'or, nicolo représentant un lion; l'autre de même métal, tête laurée sur cornaline, avec inscription grecque.

315. Deux bagues. Scarabées antiques (turquoise), montées l'une en or, l'autre en argent.

316. Camée en jaspe vert; tête d'homme barbu, de haut relief; monté en bague d'or.

317. Camée en jaspe fauve; buste de femme en profil, cerclé d'or.

Bon travail.

318. Trois bagues : pierres gravées antiques, avec inscriptions : l'une d'or, figure assise, onyx; l'autre même matière, portant une barque avec rameurs; l'autre Esculape et Hygie, sur jaspe vert monté en cuivre.

319. Deux bagues : pierres gravées : l'une femme au bain sur jaspe rubanné, montée en or; l'autre tête de Méduse sur agate blanche, montée en argent.

320. Bague juive en argent doré, forme virole, ornée de filigrane, avec inscription hébraïque sur le chaton : (*circumcisio feconditas.*)

— Tête de femme intaille sur pâte de verre, montée en argent ciselé.

321. Pierre gravée. Tête de jeune homme sur sardoine blonde, beau travail, avec monture en or (bague) du siècle dernier.

322. Trois petits scarabées antiques (turquoise) dont un incrusté d'or.

323. Quatre pierres gravées antiques, sujets et matières diverses.

324. Deux camées (agate verdâtre), tête de la Vierge et bonnefoi.

325. Deux camées onyx ; tête d'homme et de femme.
xviiie siècle.

326. Deux pierres gravées (calcédoine et béril) ; sujets spinthriens.

327. Cinq pierres gravées, dont une pâte et deux jaspes, à inscriptions orientales.

328. Quatre pièces : deux petits camées et un Amour, nacre ou corail sculpté, et une branche polie de ce dernier.

OBJETS DIVERS.

329. Ivoire. — Canette à bière sculptée au pourtour de scènes de la Passion du Christ en haut-relief ; le couvercle, l'anse et le soubassement de ce beau vase sont de vermeil.
Ouvrage d'Augsbourg, de la fin du xvie siècle.

330. Argent. — Petite cuvette ovale, ciselée à godrons et mufles de lion.

Fin du XVIe siècle.

331. Argent doré. — Deux petits brûle-pastilles de forme carrée, montés sur roues et ornés de bas-reliefs d'une grande finesse.

Travail italien du XVIe siècle.

332. Argent. — Burette forme Médicis, très-finement ciselée d'entrelacs et de fleurs.

Epoque de Louis XIV.

333. — Petite cafetière, travaillée à canelures torses et ciselures, le tout d'une exécution remarquable.

Epoque de Louis XV.

334. Petit vase à fleurs en verre bleu tors, monté en cuivre.

Dans le style Louis XVI.

335. Vase en coco, avec couvercle, richement sculpté de sujets mythologiques, monture en cuivre argenté. — Louis XVI.

— Coupe de même matière, chanlevée de feuillage.

336. Petit flacon plat, forme bouteille, en verre hyacinthe soufflé à relief des armes de France, etc.

Venise, XVIIe siècle.

337. Flacon de forme aplatie, en verre de Venise (laticinio), monté en argent ciselé et enrichi de grenats et turquoises.

XVIIe siècle.

338. Argent frappé. — Petit flacon figurant une dame génoise.
Travail du pays.

339. Flacon en cristal de Bohême guilloché, avec bouchon en écaille blonde finement piqué d'or.
Ancien Louis XV.

340. Argent doré. — Brochette de table en forme d'épée.

341 Petit échiquier (avec trictrac au revers) en marqueterie d'ivoire sur ébène.
Travail français, XVIIe siècle.

342. Vingt-deux dames pour le jeu de table (trictrac), de diverses grandeurs, bois brun finement frappé de coins des médailles de l'histoire allemande.
XVIIe siècle.

343. Belle bourse de jeu en velours noir brodé d'or.
Armes sous le fond.

344. Boîte de jeu plaquée de bois de rose à l'extérieur et de palissandre à l'intérieur,
Les jetons et fiches sont en nacre de perle.

345. Petite boîte oblongue, fermant à clé, plaquée en bois de rose.

346. Ivoire sculpté. — Grand peigne sculpté en relief. Il représente les détails de la toilette d'une dame.
Travail italien du XVe siècle.

347. Camée coquille, garniture de peigne, représentant l'Aurore escortée des Heures, etc.
Joli travail.

348. Haut peigne de coiffure à l'usage des dames génoises ; corne blonde, richement sculpté.

349. Eventail de soie à peintures et broderies, monture en ivoire sculpté à jour et rehaussé de dorures.

Epoque de Louis XV.

350 Boîte à mouches, forme carrée, en jaspe granité de blanc, avec incrustations en argent doré.

XVIIIe siècle.

351. Eventail en soie blanche brodée en dorure et peinte de fleurs et sujets de figures, avec monture en ivoire sculpté.

Epoque de Louis XVI.

352. Une paire de boucles de souliers en argent, garnies de fausses pierres; une autre d'acier ciselé avec fond haché d'or et une garniture de huit boutons avec peintures de sujets chinois sous verre.

XVIIIe siècle.

353. Navette d'argent ciselé finement, avec fond haché d'or.

Epoque Louis XV.

354. Boite à briquet de forme ovale, en fer richement ciselé à jour de fleurs et rinceaux.

Travail de Brescia (Italie.) XVIIe siècle.

355. Petite lanterne plate, de forme circulaire, en nacre inscrusté d'argent doré.

Louis XV.

356. Cachet d'argent, tournant à trois faces, forme breloque, chiffres et armes.
Epoque de Louis XV.

— Autre cachet breloque en ébène et argent, avec une intaille de Psyché sur jaspe noir.

357. Etui à cire et cachet en fer ciselé et repercé (le cachet manque.)
Louis XIV.

358. Etui à aiguilles formant cachet et figurant une dame ; ivoire rehaussé d'or de beau travail.
XVIe siècle.

— Autre étui à nécessaire en agate rubannée, garni d'or ciselé.
Epoque de Louis XV (manque le couvercle.)

359. Etui de plan ovale, avec cachet armorié, en or guilloché et ciselé.
Epoque de Louis XVI.

360. Autre étui de même forme, en argent, portant un cachet, chiffre et armes, à chacune de ses extrémités.
Même époque.

361. Petit étui de même forme, niellé à arabesques d'or.
Travail oriental, je crois.

362. Argent. — Etui de forme carrée, couvert en filigrane émaillé sur fond doré.
Gènes, XVIIe siècle.

371. Ivoire. — Homme portant un enfant au maillot.
Travail italien, XIVe siècle.

— Jeune couple nu se tenant embrassé (manche de couteau.)

372. Argent doré. — Hochet d'enfant, figurant une nourrice italienne.
Travail du pays.

373. Cuivre (ou argent?) doré. — L'Assomption, bas-relief sous verre en forme de médaillon, avec entourage de fleurs ciselées à jour.
Travail espagnol du XVIIe siècle.

374. Cuivre doré. — Deux médaillons à bélière ; sujets pieux.
Travail espagnol du XVIIe siècle.

375. Argent doré. — Insigne ou médaillon de forme contournée ; sujet de figures avec inscription hébraïque au bas (la Paix) ; le tout finement ciselé en style rocaille. Le revers garni d'un écusson d'armoiries (d'azur à cinq étoiles d'or), entouré d'une inscription anglaise dont le sens est peu distinct et la date de 1742,

376. Trois petites calebassses, forme de poire, gravées de figures et ornements, garniture en argent ciselé.
Ouvrage italien du XVIIe siècle.

377. Bassin en cuivre repoussé, représentant le péché d'Adam.

Dinanderie de la seconde moitié du XVe siècle.

363. Porcelaine. — Etui jaune paille à médaillons de paysages et marines.

Ancien Saxe, époque de Louis XV.

364. L'Office de la Vierge pour toute l'année, en italien, Paris, Cl. Herissant, 1681, in-32.

Riche reliure en argent blanc finement ciselé à fleurs sur fond doré.

XVIIe siècle.

365. Bronze. — Planche à deux faces ayant servi à gaufrer les reliures de livres.

Elle représente, gravés en creux, les quatre évangélistes.

Travail allemand du XVIe siècle.

366. Petit coffret, forme bahut, en fer damasquiné d'or.

Ouvrage italien du XVIe siècle.

367. Argent. — Petit coffret, forme bahut, en filigrane de Gênes rehaussé de petits grenats.

XVIIe siècle.

368. Boîte ronde en cerisier, à couvercle convexe, sculpté d'un panier de fleurs.

Ancien Louis XIV.

369. Petite figure de satyre en argent.

XVIe siècle.

370. Petit oiseau mécanique battant des ailes et hochant la queue, enrichi de fausses pierres de couleur montées à jour sur argent.

— Deux rosaces étoilées, composées des mêmes pierres et qui paraissent provenir du même objet.

378. Grand bassin en cuivre battu, richement gravé.
Travail vénitien du XVIe siècle.

379. Aiguière forme gobelet, avec bassin carré, à pans coupés, en cuivre argenté, avec armes sur les deux pièces.
Epoque de Louis XIV.

380. Bassin à puiser l'eau en cuivre repoussé d'ornements.
Dinanderie du XVIIe siècle.

381. Deux plats ovales: l'Eté et l'Automne, cuivre repoussé et argenté.
Travail italien, fin du XVIe siècle.

382. Support de bassin circulaire porté par un balustre reposant sur trois pieds à roulettes, le tout en fer.
XVIIe siècle.

383. Autre support de bassin en fer, travaillé en serrurerie de grille.
XVIIe siècle.

384. Autre support de bassin en fer, de travail analogue, mais plus riche.
XVIIe siècle.

385. Autre, de travail encore plus serré.
Italien, XVIe siècle.

386. Cassette de forme quadrangulaire en fer gravé à l'eau forte.
Travail allemand du XVIe siècle.

387. Coffret en fer peint.
XVe siècle.

388. Bougette (cassette de voyage) recouverte en fer, repercée à claire-voie, en style gothique sur le devant.
Travail allemand de la fin du xve siècle.

389. Autre bougette plus petite, entièrement couverte de fer à claire-voie, de même style, fabrique et époque.

390. Autre bougette très-petite, en fer uni, fermant à secret.

391. Petit rouet en cuivre ciselé, très-élégant, à l'usage des dames qui s'occupaient autrefois à filer ou à faire elles-mêmes du cordonnet.
Epoque de Louis XV.

392. Petite cage à oiseau, forme de dôme, en fer et cuivre treillissé.
XVIIe siècle.

393. Petit lutrin en fer porté sur trois pieds de biche, muni de deux bras de lumières.
XVIIe siècle.

394. Berceau d'enfant en fer, enrichi de cuivre; un soleil de ce métal forme le centre de l'arceau.
Epoque de Louis XIV.

395. Deux porte-chandeliers, à deux lumières, en fer, soutenus par des bases à pieds de biche.
XVIIe siècle.

396. Sucrier à poudrer en étain.
XVIIe siècle.

397. Salière à trois godets en forme de coquilles, surmontée d'une petite figure de femme, avec plateau inférieur et consoles, le tout en cuivre argenté.
xviie siècle.
Elle est accompagnée de plusieurs petites pelles ou cuillères pour prendre le sel.
xviie siècle.

398. Deux salières en cuivre ciselé et fortement doré.
Ancien Louis XV.

399. Mortier en bronze avec son pilon.
xviie siècle.

400. Deux ferrières (bouteilles de chasse en cuir), dont l'une est brodée.
xviie siècle.

401. Réchaud de table en cuivre battu et repercé à claire-voie.

402 Autre réchaud de table en fer, avec son couvercle de cuivre.
xviie siècle.

403. Trois petits réchauds en fer, repercés à claire-voie.
xviie siècle.

404 Huit pièces en fer : instruments de cuisine, tels que grils, crochets, fourchon, pelle et tisonniers.

SERRURERIE ET COUTELLERIE.

405. Serrure de coffre et deux éparres de crédence en fer repercé à claire-voie.
xve siècle.

406. Serrure-targette de fer, repercée à claire-voie, de travail gothique.
xve siècle.

407. Grande serrure à coffre allemande.
xvie siècle.

408. Targette en fer repoussé, aux armes et devise de Henri II, provenant du château d'Ecouen.
— Autre, de la même origine, fleurdelisée aux deux extrémités.
xvie siècle.

409. Autre targette, de forme différente, en fer repoussé.
xvie siècle.

410. Clé forée en bronze, dont la poignée figure un lion.
xiie ou xiiie siècle.

411. Clé de chef-d'œuvre pour la maîtrise, poignée à pavillon découpé à jour.
xviiie siècle.

412. Trois écussons de serrure découpés et gravés.
xviie siècle.

413. Deux clés ; riches anneaux à cariatides.
xvie siècle.

414. Deux clés ; anneaux ronds figurant des dauphins, et une découpée et gravée à entrelacs.
xviie siècle.

415. Cinq clés avec anneaux découpés à jour.
xviie siècle.

416. Heurtoir de porte cochère en fonte de fer, XVIIIe siècle.

417. Deux écussons, de forme ovale, armoriés. XVIIe siècle.

418, Clé de cabinet en acier ciselé et doré, de beau travail.

On y remarque les initiales H. G.

Epoque de Louis XVI.

419. Grand couteau à trancher, le manche en ivoire guilloché et finement piqué d'or; la gaîne en cuir gauffré.

Travail italien du XVIe siècle.

— Trousse composée du couteau, d'une fourchette et d'un fusil, avec manche de corne noire et garniture d'étain.

XVIIe siècle.

420. Couteau et fourchette avec manches d'argent ciselé en relief sur fond d'émail bleu.

Sous le talon des manches sont des armoiries.

Ouvr. italien du XVIIe siècle.

421. Petit couteau formant pince et fusil (briquet), en fer gravé.

422. Couteau, fourchette et fusil, à manches d'ébène garnis d'étain, avec fourreau garni de même.

423, Petit couteau à fruit, avec manche d'argent ciselé d'un groupe d'enfants naissant de feuillages.

Epoque de Louis XIII.

424. Gaîne à couteaux, buis finement sculpté de sujets bibliques.

Ouvr. flamand portant la date de 1616.

425. Fusil à affiler portant les initiales W. F., acier ciselé.

— Petit couteau se fermant d'une manière très-ingénieuse; manche en cuivre à claires-voies.

XVIe siècle.

426. Grosse fourchette à deux dents en acier ciselé; le manche en bois noir.

XVIIe siècle.

427. Petit étui à ciseaux, en argent finement gravé de figures et de fleurs avec la devise : *Amour pour amour*.

— Autre, du même genre, en fer gravé et autrefois doré.

Epoque de Louis XIII.

TAPISSERIES, CHAMBRES DE LIT ET ETOFFES.

428. Tapisserie peinte en camaïeu : l'enlèvement d'Hélène, forme carrée, de 2 m. 55 c. de côté.

— Autre pièce faisant suite et du même sujet, de pareille forme, mesurant 3 mètres de côté.

XVIe siècle.

429. Autre tapisserie peinte en couleur sur toile, sujet de chasse, mesurant 4 m. 50 c. de large sur 2 m. 50 c. de haut.

Louis XIV.

430. Chambre de lit à dessins de couleur brodés au crochet sur toile blanche; composée d'une taie d'oreiller, de trois rideaux, dont deux unis, deux morceaux pour pentes de lit, une couverture et un dossier de même.

xviie siècle.

431. Couverture en damas de forme circulaire, avec lambrequins, décor de fleurs en vert et blanc sur fond de satin rouge.

Louis XIV.

432. Deux bandes (pente de lit) à dessin de lambrequins en soie rouge d'applique et broderie sur fond vert pistache.

433. Trois coupons de lampas vert pomme damassé à grands dessins, mesurant ensemble 10 m. 50 c., sur 55 c. de large.

xviie siècle.

434. Chemise d'homme en toile blanche bordée de guipure, les manches brodées de couleurs diverses.

xviie siècle.

435. Deux fragments de broderie au crochet, de couleur rouge sur toile blanche, sujet de grotesques.

xvie siècle.

436. Fragment de tapisserie au petit point, sujet d'intérieur à figures, d'un mètre en largeur sur 50 c. de haut.

Louis XIV.

OBJETS D'ART PROPREMENT DITS : STATUES, BAS-RELIEFS, ETC.

437. Marbre blanc. — Lion couché ayant servi de base à une balustrade.
xiie siècle.

438. — Vénus couchée, statuette, ayant l'Amour auprès d'elle.
Fin du xvie siècle.

439. Marbre colorié. — Tête de saint Jean-Baptiste, après son supplice, sous Hérode Antipas.
Ecusson des armes de Jean Cléberger, dit le bon Allemand, fondateur de l'hospice de la Charité, à Lyon.
xvie siècle.

440. — Très-beau buste, en marbre de Carrare, de la princesse Pauline Borghèse, par Canova.

441. Albâtre de Lagny. Les noces de Cana ; bas-relief rehaussé d'or.
Cadre frappé à morisques.
Tr. français du xvie siècle.

442. Même matière et travail : sainte Catherine.
Cadre comme le précédent.

443. Même matière et travail : Le mariage de sainte Catherine. — Cadre semblable.

444. Mars et Vénus ; bas-relief en albâtre de Lagny.
Cadre originaire avec morisques peintes en or.
Tr. français du xvie siècle.

445. Albâtre calcaire. — La Vierge sur un croissant, les mains croisées sur sa poitrine, statuette d'une très-belle expression.

Tr. italien du XVIIe siècle.

446. Albâtre. — Le Printemps, statuette de jeune fille tenant des fleurs.

447. Fragment de rétable en pierre sculptée de bas-relief, sujet tiré de la vie du Christ.

Bon travail du XVIe siècle.

448. Pierre blanche. — Statuette d'ange ou de génie armé, tenant un écusson armorié et peint.

Tr. allemand du XVIe siècle.

449. Pierre. — Buste d'homme en costume du temps de Louis XIV.

450. Cuivre repoussé et doré. — La conversion de saint Paul, bas-relief d'applique du XVe siècle.

451. Cuivre doré. — Saint Jean l'évangéliste, fonte allemande ayant fait partie d'un crucifiement.

XVe siècle.

452. — Bellone, statuette de femme armée tenant l'écu et la lance.

Epoque de Louis XIII.

453. Cuivre argenté. — Bénitier de chambre, bas-relief représentant la Véronique : la tête du Christ, de ronde-bosse, forme le godet.

Fonte flamande du XVIe siècle.

454. Airain poli. — Statuette d'abbé, pièce d'enfilage formant autrefois le sommet d'un lustre.

Fonte allemande du XVe siècle.

455. Bronze. — La Vierge (sans l'Enfant), ou une des saintes femmes, ouvrage de dinanderie plein d'expression.

XVe siècle.

456. — Deux figures allégoriques de femme, la Foi et la Force.

Tr. de dinanderie comme la précédente.

XVIe siècle.

457. Muse couchée ; autour d'elle sont les attributs des arts et de la science.

Bronze italien du XVIe siècle.

458. — Vénus pudique ; à ses pieds l'Amour sur un dauphin.

Beau bronze italien d'après l'antique.

XVIe siècle.

459. — L'Amour porté sur un dauphin et décochant un trait.

Bronze doré italien de très-bon style.

XVIe siècle.

Socle en marbre blanc.

460. — Buste lauré de l'empereur Charles-Quint : le collier de la Toison et la couronne sont dorés et les yeux sont d'argent.

Beau et ancien bronze de travail allemand.

Socle en brèche rose.

461. — L'Amour appuyé sur son arc, statuette italienne de la seconde moitié du XVIe siècle.

462. — Deux bustes de femme (boutons de porte) dans le costume de la fin du XVIe siècle.

Travail italien du même temps.

463. Deux autres bustes d'applique, figures armées (homme et femme) en cuivre ciselé et doré.

Epoque de Louis XIII.

464. L'Enfant Jésus endormi, tenant sa croix, bronze de beau travail, d'après Le Quesnoi.

XVIIe siècle.

465. Bronze. — Fontaine d'applique, représentant une tête d'ange de haut relief.

La boucle de cheveux du front forme la poignée du robinet.

Bon travail italien du XVIIe siècle.

466. — Jeune enfant porté par un dauphin et sonnant de la trompe.

Bronze italien très-soigné, XVIIe siècle.

Socle en ivoire.

467. — Statuette de saint Jean l'évangéliste, provenant d'un calvaire.

Travail français du XVIIe siècle.

468 Médaillon ovale, très-convexe, en cuivre repoussé et doré, représentant Orphée jouant du violon au milieu des animaux charmés.

XVIIe siècle.

469. — Quatre petits bustes faisant suite : La Fontaine. Piron, Voltaire et Rousseau, sur cippes en marbre blanc garnis en cuivre doré.

Fin du XVIIIe siècle.

— Autre buste (Racine) avec monture analogue.

470. — La Vierge assise tenant le divin Enfant; bas-relief frappé et doré, avec cadre en ébène.

Epoque de Louis XV.

471. — Lion de ronde bosse en bronze noir, sur base en bronze doré, habilement ciselé en style rocaille.

Travail français du XVIIIe

472. — Le lion au serpent, réduction d'après Barye.

473. — Perroquet du genre arrah perché sur un arbrisseau.

— Petite coupe, forme d'ustrinum, repoussée à fleurs. XVIIe siècle.

474. — Quatre-bas reliefs, dont un doré, représentant l'institution du Rosaire, composition attribuée à Benvenuto Cellini.

475. — Cinq bas-reliefs différents.

476. Plomb doré. — Deux bustes pareils de guerriers casqués. Beau style.

XVIe siècle.

477. Sept bas-reliefs de plomb flamands ou italiens du XVIe siècle.

478. Terre cuite. — Portrait de jeune homme, bas-relief ovale, avec cadre en bois doré.

xviiie siècle.

Auteur inconnu, mais du plus grand mérite.

479. Deux médaillons en terre cuite, du travail le plus merveilleusement achevé : Mme de la Reynière et Mme ***, dans le costume de l'époque de Louis XV.

Par J. Nini.

480. — Jeune femme nue à sa toilette, bas-relief, signé *Clodion, 1766.*

481. — La toilette de Vénus.

Beau bas-relief ovale, par Chinard, signé de lui, avec la date de 1787.

482. — Frise d'enfants jouant avec des monstres marins.

Cadre en bois noir.

xviiie siècle.

483. — Buste de Bacchante, par Marin.

xviiie siècle.

484. — Groupe de l'enlèvement des Sabines, d'après Jean de Bologne.

485. — Statuette de femme, s'appuyant sur un gouvernail.

486. Ivoire. — Petit volet de tableau cloant (diptyque); à gauche : l'Annonciation ; à droite : la Nativité.

Travail français du xive siècle.

487. — Autre volet monté de même ; le couronnement de la Vierge.
Mêmes fabrique et époque.

488. — Petite tablette à écrire ; le Calvaire.
Mêmes fabrique et époque.

489. — Autre tablette à écrire ; sur le registre du haut : le Christ en croix, saint Jean et la Vierge ; sur le registre inférieur : sainte Catherine et saint Jean.
Mêmes fabrique et époque.

490. — La Vierge debout, tenant le divin Enfant entre ses bras, statuette d'ivoire.
Bon travail français du XVIIe siècle.

491. — Jeune garçon nu jouant avec des serpents.
Ecole du Quesnoi, XVIIe siècle.
Socle en bois noir.

492. — Deux figures de petites filles tenant des fleurs, ouvrage digne du Quesnoy, plus connu sous le nom de François Flamand.

493. — La Vierge debout sur le croissant.
Travail espagnol du XVIIe siècle.

494. — Portrait d'un jeune prince qui nous est inconnu.
Costume et époque de Louis XIV. — Cadre en écaille rouge.

495. — L'Assomption. La Vierge est portée sur les nuages par les anges, bas-relief de forme ovale en ivoire.

496. — Portrait de la princesse Pauline Borghèse ; sculpture très-délicate en ivoire,

Par Bozzanigo de Turin.

— Portait d'homme; buis sculpté, par le même.

497. — Le duc de Bordeaux, statuette fort bien traitée, par Mlle de Fauveau.

Le jeune prince est représenté sous le costume écossais et tenant son épée serrée sur son cœur.

Socle en marbre vert et blanc.

498. Bois sculpté. — Le prophète Isaïe; statuette d'applique.

Travail flamand du commencement du XVIe siècle.

499. — Les rois mages : *Gaspar*, *Melchior*, *Baltazar*, statuettes en bois doré, au tiers de nature.

Bon travail flamand de la première moitié du XVIe siècle.

500. — La Madeleine, statuette peinte et dorée, provenant d'un rétable.

Travail flamand du commencement du XVIe siècle.

501. — Saint Georges combattant le dragon pour délivrer la fille du roi de Beyrouth.

Groupe en bois sculpté, de travail génois.

XVIe siècle.

502. — Vénus heureuse et Vénus désespérée : la première semble s'appuyer sur l'Amour; la seconde foule aux pieds une armure, tandis que l'Amour, auprès d'elle, s'occupe à briser ses traits. Ces deux statuettes, reproduisant évidemment la figure et le

port de Diane de Poitiers, nous paraissent faire allusion à la fin tragique de Henri II : le public décidera de notre opinion.

Beau travail de l'école de J. Goujon, XVIe siècle.

503. — Statuette. Lucrèce se donnant la mort.

Beau travail allemand du XVIe siècle.

504. — La Vierge debout tenant l'Enfant, statuette.

Travail allemand du XVIIe siècle.

505. — Junon ou Eve? statuette de femme nue tenant un fruit; à ses pieds est un paon.

Beau travail allemand du XVe siècle.

506. — Autre statuette de même matière. Elle paraît avoir tenu un trait dans la main gauche.

Beau travail italien du XVIe siècle.

507. — La Crèche, composition de sept figures de haut relief en bois sculpté et colorié, sous verre, avec encadrement doré,

XVIIe siècle.

508. — Vierge ou jeune femme allaitant son enfant, figure au quart de nature, peinte et dorée.

Bon travail italien du XVIIe siècle.

509. Bois sculpté. — Vieillard debout, enveloppé d'un manteau, statuette.

XVIIe siècle.

510. — Ecusson d'armoiries soutenu par deux figures d'enfants finissant en rinceaux, etc.; panneau provenant du couronnement d'une chaise.

Beau travail français de l'époque de François Ier.

511. — Trois têtes de manches d'instruments.
Bon travail des XVIe et XVIIe siècles.

512. Petite sculpture ou trophée en bois doré, forme de médaillon entouré d'armes, de drapeaux, de couronnes et de guirlandes de chêne et de laurier, contenant une inscription à la mémoire de noble Antoine Fayolle, capitaine au 3e régiment de chasseurs, mort en 1784.
Ouvrage très-fin, sous verre, avec cadre doré.

513. Dix-neuf vieux bois sculptés, colonnes, dossiers, panneaux, etc., du XVe au XVIIe siècle.

514. Email. — Platine de cuivre oblongue présentant trois figures en buste sur fond doré : Isaïe, Jérémie et Ezéchiel.
Travail de Cologne du XIIe siècle.

515. Argent émaillé de basse taille. — Les travaux du mois de mars, petit médaillon provenant d'un fond d'écuelle.
Commencement du XVe siècle.

516. Email peint. — Belle coupe basse, de forme circulaire, présentant au centre le buste de Flore.
Le revers aussi riche que l'intérieur.
— Autre coupe de forme goderonnée, avec la tête de Vespasien au centre.
Par Jean Laudin, de Limoges.
XVIIe siècle.

517. — La Vierge, plaque quadrangulaire, avec cadre en cuivre ciselé à jour et doré.
Par le même.

518. — Deux médaillons de forme ovale représentant les portraits de deux jeunes époux dans le costume du règne de Louis XIV.

Ils formaient autrefois les valves d'une bourse de mariage analogue à nos porte-monnaie actuels.

Par Nouaillié, de Limoges.

XVIIe siècle.

519. — La Nymphe Calypso conduite devant Diane après sa faute.

Peinture allemande sur émail contenant de nombreuses figures.

XVIIe siècle.

520. — Portrait d'homme en cuirasse.

Email de Saxe en relief.

521. — L'adoration des bergers, belle miniature sur vélin, avec encadrement architectural en ébène enrichi d'appliques en argent et cuivre ciselé et doré.

XVIIe siècle.

522. Cuir gauffré. — Portrait de Gustave-Adolphe de Suède, bas-relief doré de beau style.

Encadrement de même.

XVIIe siècle.

523. Persée tuant le monstre et délivrant Andromède, groupe équestre modelé en cire.

524. Suite de vingt-deux moulages de plâtre, la plupart coloriés et encadrés, pris sur de beaux et rares originaux allemands ou italiens des XVe et XVIe siècles.

525. Quarante-quatre galvanoplasties en cuivre, prises sur des médailles italiennes ou françaises, la plupart des xve et xvie siècles.

ART ORIENTAL, CHINE ET JAPON.

526. Armoire à deux portes, laquée de nombreuses scènes de figures en couleur sur fond noir.
Ancien Chine.

527 Bureau forme droite avec amortissement au sommet, abattant, tiroirs, casier supérieur et inférieur. etc. Le décor à sujets chinois, imitation de laque, fond noir, avec garniture rocaille en bronze.

528 Bureau de même travaïl et décor sur fond rouge et or.
Ce meuble se compose d'un grand tiroir, d'un abattant et d'une petite armoire à deux portes audessous, le tout garni en cuivre doré, et dont l'intérieur contient quatre tiroirs. A appartenu à Mme de Pompadour.

529. Commode de forme ventrue à deux tiroirs, en laque noire et or, sujets chinois, genre Martin, avec garniture rocaille en bronze doré et le dessus en brèche.
De Mme de Pompadour également.

530. Petite commode de forme ventrue, laquée d'or à figures et ornements sur fond rouge, avec garnitures finement ciselées en style rocaille et dessus de brèche.
Ancienne imitation de Chine sous Louis XV.

531 Petite glace forme psyché, avec pied et encadrement en bois rouge sculpté à jour. Travail de Chine.

532 Laque de Pekin. — Grande et belle bouteille de plan carré, forme potiche, très-richement sculptée de méandres en haut relief sur fond de rosettes hexagonales. — Support en bois noir sculpté à jour.

Pièce remarquable d'ancien Chine.

533. Laque de Pékin. — Bouteille en forme de gourde aplatie, richement sculptée de feuillages et de fleurs, avec des cartouches d'inscriptions au centre de chaque panse.

Garniture en argent ou paftung et support très-élégant en ébène sculpté.

Ancien Chine.

534. — Petite boîte de même genre, forme cucurbitacée, sculptée avec la plus grande finesse, et ornée de son feuillage laqué en vert clair; l'intérieur de la boîte laqué d'or mat.

Ancien Chine de la plus belle qualité.

535. — Boîte en forme de fruit, très-finement sculptée d'un sujet de figure entouré de chauves-souris, sur un fond de rosettes hexagonales.

Ancien Chine de belle qualité.

536. — Petit vase ou boîte de forme ovoïde avec couvercle en laque à feuillages d'or mat sur fond aventuriné.

Belle et ancienne qualité japonaise.

537. Petit chandelier à pointe dont la tige, en cuivre sculpté et laqué, représente des figures grima-

çantes fort bien exécutées; la base, en ivoire, est garnie de cuivre gravé et doré.

Ce chandelier s'ajuste dans une coupe de forme ovoïde, en laque noir nuagé d'or, de l'espèce dite usé, avec support de trois pattes en cuivre gravé et doré.

Ancien Japon de belle qualité.

538. Trois plaques en laque de Chine.

539. Deux plaques en laque Martin; oiseaux et paysage.
Belle qualité.

540. Boîte à thé en laque décorée de figures et fleurs se détachant en or sur fond rouge; à l'intérieur sont de grands flacons d'étain pour contenir deux qualités différentes.

541. Sept plaques en piqué d'or sur écaille.
Belle qualité.

542. Petit plateau, forme soucoupe, en laque noir burgauté à fleurs.

543. Garniture de cheminée composée d'une pendule du nom de Baillon, de forme circulaire, soutenue par deux jeunes Chinois, un troisième surmontant la pendule, et deux candélabres à deux lumières, garnis de fleurs en porcelaine; le tout laqué d'or sur noir de très-belle qualité.
Imitation de Chine de l'époque de Louis XV.

544. Insigne ou sceptre de fonctionnaire chinois, en bois de fer, décoré de trois écussons ovales de jade vert sculpté à fruits et feuillages de haut relief.
Le support de ce sceptre est également en bois de fer sculpté.

545. Jade blanc. — Théière basse avec anse, broçon et couvercle du même, le tout gravé d'ornements chanlevés.

546. — Vase en forme d'urne de plan carré et couvercle de même ; le tout orné de gravures chanlevées sur le fond, avec anses contenant des anneaux mobiles réservés sur la même pièce.

547. — Pot-pourri, forme carrée en hauteur, décoré de bossages, avec socle d'ébène finement incrusté de filets d'argent et couvercle élégamment repercé à jour.

548. Aiguière forme de gobelet, avec couvercle de même matière, le tout orné de gravures et reliefs détachés de ronde bosse.

Le lapidaire a ménagé un anneau mobile au-dessous du versoir.

549. — Sculpture bizarre affectant la forme d'une barque dans laquelle est une femme chinoise.

550. — Trois pendentifs sculptés en forme d'animaux ou de fruits.

551. Jade vert. Petite tasse oblongue dont l'anse est formée de branchages détachés à jour.

— Autre, plus petite, à deux anses carrées ; la coupe est semée de points saillants.

552. Jade onix. — Trois petits flacons à panse aplatie, dont deux à ornements vert foncé se détachant en relief sur un fond presque blanc, et le troisième à ornements jaunes : ce dernier de qualité très-rare.

553. Coupe à deux anses en pierre dure qui nous paraît être de la nature du jade, sculptée de dragons et autres ornements.

Ancien Chine.

554. Jade vert foncé. — Boîte forme de bonbonnière, sculptée de grecques et de godrons.

555. — Trois disques percés au centre et sculptés de caractères et ornements.

— Un petit tube même matière.

556. Flacon en forme de gourde, d'agate orientale.

557. Cristal de roche. — Flacon forme bouteille avec ornements de fleurs et branchages détachés en ronde bosse sur la panse: la base et le bouchon de ce vase sont en or; ce dernier, finement ciselé, représente le chien de Fô.

Ancien Chine.

558. Philosophe chinois assis sur un bélier : stéatite verdâtre.

Ancien Chine.

559. Deux figures assises (homme et femme) en stéatite coloriée.

Ancien Chine.

560. Stéatite. — Petite figure de jeune femme debout et tenant une fleur; ouvrage très-fin, légèrement teinté en quelques parties.

Ancien Chine.

561. — Grande théière avec couvercle, anse et broçon du même, décorée de figures, branchages et fleurs en relief détaché du fond.

Ancien Chine.

562. Stéatite diaprée de blanc et de rouge. — Tasse ou gobelet avec anse et soucoupe, ornée de gravures.
Ouvrage du Japon.

563. Coupe en pierre rougeâtre offrant la forme d'un compotier décoré, au pourtour, d'une frise de vigne et raisins, dans laquelle se jouent des rats fruitiers.
Socle en bois noir évidé à branchages avec fleurs et fruits.

564. Seau formé d'une section de bambou sculptée d'une multitude de figures représentées dans des vérandahs d'arbres, de rochers, etc.

565. Email peint. — Pagode ou tourelle hexagonale dont les faces, richement repercées à jour, sont émaillées de couleurs diverses finement rehaussées d'or ; six colonettes damasquinées en relief, figurant le dragon impérial, flanquent les angles de ce monument et en soutiennent la double toiture, émaillée aussi bien que la base.
Ancien ouvrage de Chine.

566. Email cloisonné. — Deux cippes en forme de vases fumants supportés par de larges piédouches, soutiennent un fruit à feuilles imbriquées qui est surmonté d'un emblème différent pour chaque cippe, qu'il nous serait difficile de déterminer.
Nous dirons seulement que toutes les parties qui composent l'ensemble de cette œuvre sont enrichies par des émaux cloisonnés, les plus parfaits que nous ayons vus.
Ancien Chine.

567. — Grande bouteille à panse applatie et anses, décor analogue au numéro précédent.

568. — Grande coupe forme bol, décorée de blanc, de rouge et de jaune sur fond bleu turquin.

569. — Deux coupes basses à bord festonné et pied cylindrique, le tout richement décoré de rouge, de jaune, de blanc et vert sur fond violet.

Belle qualité.

570. — Coupe treillissée de filigrane ondé sur fond d'émail turquoise.

Ancien Chine.

571. Email imitant le cloisonné. — Jatte de forme quadrilobée en cuivre repoussé et émaillé de bleu turquoise, de vert et de noir sur fond doré.

Le procédé d'exécution de ce vase est identique avec celui pratiqué par les Arabes au moyen âge.

Ancien Chine.

572. Email peint. — Deux salières décorées de fleurs sur fond bleu de roi.

Ancien Chine.

573. — Grand plateau à bords festonnés dans la cavité duquel s'ajustent huit capsules disposées en rayons autour d'une patère ronde qui forme le centre ; le tout émaillé d'ornements gros bleu, rouge et or sur fond turquoise.

Cet objet, d'un bel aspect, est de la plus grande fraicheur.

574. — Potiche de forme élancée, décorée de fleurs sur fond bleu turquoise.

Ouvrage du Japon.

575. — Coupe forme de bol, décorée de fleurs et branchages de couleurs variées à l'extérieur, et à l'intérieur de nuages, de dragons et de chauves-souris de très-beau style.

Support en bois de fer finement sculpté.

Ancien Chine.

576. Coupe en émail d'ancien Chine, décorée de fleurs fond bleu.

577. Matière vitreuse inconnue. — Groupe figurant un nuage dans lequel se jouent des chauves-souris.

Ancien Chine.

578. Quatre bas-reliefs de forme quadrilobée ; oiseaux et fruits, en même matière colorée, de très-belle qualité.

Ancien Chine.

579. Racine de bambou sculptée de ronde bosse, représentant un crapaud.

Œuvre remarquable de style et de vérité.

Ancien Chine.

580. Groupe de deux petits chiens accolés, du genre épagneul, exécutés en une matière qui nous est inconnue, incrustée d'écaille, de nacre, de métal, etc., ouvrage du fini le plus admirable et le plus vrai.

Ancien Chine.

581. Corne de rhinocéros. — Tasse oblongue, décorée de fleurs et feuillages en relief de ronde bosse.

Ancien Chine.

582. Bois et ivoire. — Deux figures d'applique : homme et femme richement costumés ; la femme tient une urne de jade.

Les peintures qui décorent leurs vêtements sont de la plus merveilleuse finesse.

Ancien Chine.

583. Ivoire. — Autre figure d'applique représentant une tarasque hideuse, mise en mouvement par deux Chinois cachés dans son intérieur et dont on n'aperçoit que les jambes.

Des caractères placés derrière pourraient expliquer ce singulier sujet.

Travail fin rehaussé de couleurs.

584. Ivoire teint. — Quatre ornements de pendentifs sculptés d'entrelacs à jour.

Ancien Chine.

585. Ivoire. — Eventail sculpté et repercé à jour de figures et de fleurs.

Etui couvert en étoffe du pays.

586. — Petite boîte de forme carrée, sculptée et repercée à jour, contenant un jeu de *casse-tête* de même travail et matière.

On y a joint deux albums chinois, imprimés sur papier de soie, contenant des modèles de ces sortes jeux.

587. Porte-bouquet en filigrane d'argent surémaillé.
Ancien Chine.

588. — Deux paires de boucles d'oreille en argent filigrané et émaillé.
Ancien Chine.

589. — Petit flacon forme cylindrique, flinqué de fleurs sur fond d'émail bleu.
Le bouchon est formé d'un péridot ou d'une prime d'émeraude.
Ouvrage de Chine.

590. Argent ciselé et émaillé; petit bassin d'applique de forme goderonnée.
Ancien Chine de belle qualité,

591. Deux petites tasses de plan carré en argent ciselé à fleurs,
Ancien Chine.

592. Deux fermails de ceintures en cuivre ciselé, doré, et cabochons en calcédoine, cristal arborisé, etc.

593. Deux ceintures chinoises en tresse de soie violette: l'une avec fermail de jade vert sculpté à jour d'un oiseau du genre *manchot* et de fleurs; l'autre avec fermail de cristal de roche uni.

594. Fermail de pareille ceinture en deux pièces, en jade vert foncé sculpté de reptiles monstrueux.
Curieux et ancien travail.

595. Deux autres fermails de ceinture, l'un ovale, l'autre carré, en jade blanc, gravé et garni en métal.

596. Parure de dame chinoise, composée : 1° d'un ornement de tête en filigrane doré, formant une touffe de feuilles très-finement découpées et rechampies avec des plumes de colibri bleu céleste, du plus bel effet, sur lesquelles se détachent des fleurs taillées au naturel, en imitation de jade, grenats, rubasse, etc.;

2° De pendants d'oreille de même travail, ainsi que d'une épingle de cheveux dont la tige manque;

3° D'une sorte de pendentif frangé offrant l'assemblage de plusieurs rangs de perles exécutées comme le feuillage expliqué ci-dessus;

4° Enfin, d'un étui pour l'ongle du petit doigt de de la main gauche, en argent ciselé.

597. Autre touffe du même genre et décor, plus large que la précédente et accompagnée des pendants d'oreille seulement.

598. Nécessaire de table, composé de deux bâtonnets d'ivoire, d'un troisième à pointe d'acier pour servir, sans doute, de fourchette, et d'un couteau à manche de jade.

La gaîne, d'ivoire, est finement gravée de figures et de paysages et garnie d'argent ou paftung ciselé.

599. Autre, composé d'un couteau, de deux bâtonnets à manger en ivoire et d'un furgoir (cure-dents), de même matière; l'étui est en galuchat garni d'argent ou paftung ciselé.

— Autre dont l'étui est de palissandre garni en fer gravé et doré.

600. Autre, composé de cuillères, fourchette, couteau, bâtonnets à manger, pince, etc., le tout en un étui marqueté d'ivoire.

601. Bourse chinoise pour la monnaie de cuivre.

602. Ecritoire chinoise très-complète, accompagnée d'un compteur et d'une boîte de pinceaux-plumes.

603. Grand flageolet ou flûte en roseau diapré de noir sur fond naturel.

604. Ecran de soie, brodé en fleurs de couleurs sur fond vert ; le manche laqué et fileté d'argent.

Ouvrage de Chine (Pékin).

605. Une paire de souliers (*pour les dames chinoises à petits pieds*), en satin cerise brodé à fleurs, avec de hauts talons couverts en toile blanche.

606. Babouches chinoises, en velours brodé d'or.

— Petits souliers de femme en cuir noir. Même provenance.

607. Belle étoffe de soie (satin) couleur cerise, brochée de bassins (disques), d'ornements du même.

Longueur, 4 mètres, largeur, 75 centimètres.

608. Robe chinoise (d'homme) en forme de manteau, brochée d'or fin sur fond de soie bleue, dans le plus riche dessin et le mieux réparti qu'il soit possible de voir ; on remarque, dans le milieu du dos, le fameux dragon impérial à cinq griffes.

Plus, une pièce de forme circulaire, brodée d'or en point tartare (au crochet), dans le même dessin, sur fond de soie rouge.

Conservation parfaite.

609. Bronze. — Grand brûle-parfums en forme de quadrupède de la famille des ruminants, richement incrusté d'or et d'argent dans toutes ses parties. — Support en bois de fer.

Cet ustensile, employé au culte religieux dans le pays, est de très-ancienne facture.

610. — Autre de même forme, travail et époque, mais de dimension moindre ; on y remarque des détails très-curieux et remplis de style.

611. — Autre du même genre, encore plus petit ; l'opercule, pratiqué sur le dos de l'animal, est repercé à jour.

612. — Brûle-parfum, figurant un oiseau de rivière monté sur un ilot.

La ciselure de cet objet a beaucoup de style.

Ancien Chine.

613. — Autre brûle-parfums, de même travail et époque, représentant aussi un oiseau de rivière.

614. — Deux petits ustensiles du même genre ayant la forme de canards.

615. Bronze doré. — Petit brûle-parfums de forme goderonnée et porté sur trois pieds ; la panse est ornée de panneaux de fleurs et branchages finement ciselés, alternant avec des mufles de lion.

Le couvercle est surmonté d'un chien fantastique jouant avec une boule.

Ancien travail japonais.

616. Cuivre rouge. — Brûle-parfums en forme de baril porté sur un pied du même, le tout flamboyé d'or.

L'opercule, à jour, est surmonté d'un coq, et l'on voit encore deux poussins sur les marchons du pied ci-dessus.

Ancien Chine.

617. Airain poli. — Deux brûle-parfums forme Médicis, élevés sur trois jambes, avec supports mobiles de même matière.

Les couvercles, ciselés et repercés à jour, sont surmontés du chien de Fô.

Ancien Chine.

618. — Grand brûle-parfums ou brasero de plan carré, élevé sur quatre jambes.

La base, qui est séparée, est ciselée et repercée à jour, ainsi que le couvercle, surmonté d'un lion fantastique jouant avec une boule.

Ancien travail du Japon.

619. — Espèce de bouteille destinée, je crois, au même usage, dont la forme présente deux oiseaux enlacés ; cet objet, d'un beau style, est également incrusté d'argent.

Très-ancien travail de la Chine ou, plutôt, du Thibet.

620. — Autre ustensile du même genre, mais qui paraît être une bouilloire ; sa forme est encore celle d'un quadrupède, mais d'une espèce différente et qui nous est également inconnue.

621. Bronze. — Grand brasero ou brûle-parfums, forme sarcophage, de plan carré, dont les anses et les

pieds sont ornés de têtes monstrueuses; le couvercle, repercé d'ornements bizarres, est surmonté d'un jeune Chinois et du chien de Fô.

Ancien Chine de belle qualité.

622. — Grand brasero de forme circulaire, porté par trois têtes d'éléphants et richement sculpté en relief dans toutes ses parties.

Ancien travail du Thibet rempli de style.

623. Cuivre doré. — Chauffe-mains de forme sphérique bas et goderonné, richement gravé partout d'animaux et végétaux; le couvercle repercé à jour.

Ancien Japon de belle qualité.

624. Cuivre rouge. — Bouilloire de forme sphérique, dorée et repoussée de cigognes et de méandres; les anses représentant le même oiseau en ronde bosse.

Le réchaud auquel s'adapte ce vase, de même forme et décor, est incrusté en filets d'argent sur fond brun.

Ancien Chine, de belle qualité.

625. — Grande théière en bronze incrusté d'argent et d'or, avec de curieux accessoires, en relief, d'oiseaux fantastiques.

Très-ancien Chine.

626. Bronze. — Très-petite théière de plan carré, incrustée de filets d'argent.

Ancien Chine.

627. — Deux grandes et belles potiches forme Médicis, décorées du dragon impérial, d'oiseaux, de fleurs, etc., du plus haut relief et d'un grand style.

Ces pièces, très-importantes, proviennent de la spoliation du palais de l'empereur, pendant l'expédition française en Chine

628. Cuivre rouge. — Deux cornets (vases) de forme analogue à ceux de porcelaine désignés sous ce nom, ornés tous deux de gravures, mais différents de grandeur.

Ancien Chine.

629. Bronze. — Grand cornet à fleurs richement incrusté de filets d'argent figurant des grecques et des méandres.

Ancien Chine.

630. — Grand vase à fleurs forme bouteille, de plan carré, orné sur la panse de sujets de chasse en relief.

Support en bois de fer sculpté.

Travail du Japon.

631. Bronze moiré. — Deux vases forme d'amphore, sans anses : probablement destinés à mettre des fleurs.

Qualité rare.

632. Cuivre rouge. — Deux petites urnes de plan carré, avec anses; le tout orné de grecques et méandres, en filets d'argent finement incrustés.

633. Bronze. — Vase à deux anses forme de mortier, décoré, à l'extérieur, de curieux ornements dont le centre est incrusté d'or pâle et le reste de filets d'argent.

Ancien Chine de belle qualité.

634. Bronze noir. — Coupe basse, ovale,e ntourée extérieurement d'une branche à feuilles, fruits et pampres de bosse détachée.

Beau et très-ancien travail de Chine.

635. Cuivre jaune poli (airain). — Petite coupe de plan octogone avec anses portée sur un haut balustre forme de lyre.

Le couvercle est surmonté du chien de Fô.

636. Vase forme de bouteille à long col dont l'extrémité porte deux anses (peut-être des bobêches) en forme de tubes.

On y distingue encore des traces de damasquinure représentant, entre autres, le dragon impérial.

Très-ancien Chine.

637. Animal chimérique (quadrupède ayant servi de pied à un chandelier) en bronze, chargé d'ornements d'un style très-bizarre.

Ancien travail thibétain, probablement.

638. Bronze. — Figure de femme (destinée, je crois, à servir de chandelier) dont le costume offre plusieurs singularités et les vestiges d'une fine ornementation.

Beau et très-ancien travail.

639. Cuivre rouge. — Grande fontaine forme cafetière, divisée intérieurement en trois compartiments ayant chacun leur robinet pour fournir trois liqueurs différentes.

L'extérieur est orné de panneaux d'une ciselure

très-fine de fleurs et animaux de haut relief, se détachant en noir sur un fond plaqué d'or.
Vieux Tonquin de la plus belle qualité.

640. Petit flacon forme potiche, en bronze du Tonquin, décoré de fleurs en relief.
Beau et ancien travail.

641. Bronze. Presse-papier imitant un petit jeu de dames.

642. Instrument chinois en forme de triskèle, en paftung gravé, dont l'usage nous est inconnu.

643. Boîte de forme carrée en paftung, finement gravée ou damasquinée de fleurs et oiseaux sur un fond de grecques.
Ancien travail de Pékin.

644. Paftung. — Deux pipes à fumer l'opium.

645. Petite pièce de canon chinoise, en cuivre, gravée de fleurs et ornements; l'affût peint du dragon impérial sur fond rouge.

646. Petit nécessaire de voyage pour la cuisine, composé de nombreuses pièces renfermées dans une marmite, le tout en cuivre granité au dehors et étamé en dedans.
Travail de Chine.

647. Trois boules sympathiques en cuivre doré.
Chine.

648. Deux Chinois assis jambes croisées, dont l'un semble faire l'aumône à l'autre d'une pièce de monnaie.

649. Bronze noir. — Deux oiseaux du genre échassier, tenant dans leur bec le fruit du lotus.

Ancien Chine.

650. Quadrupède assis (le chien de Fô ?) en bronze ou paftung finement ciselé et plaqué d'or par parties, avec incrustations de pierres diverses et support en palissandre. Ancien Chine.

651. Suite de miniatures chinoises (12 pièces) sur soie, reliées en un volume de format in-4, très-belles peintures.

Cet article sera vendu sous bande cachetée.

652. Autre recueil du même genre, de format un peu plus grand, mais d'une exécution moins soignée, contenant également 12 pièces.

Sera vendu de même.

653. Volumen (rouleau) contenant les vues des palais de Yuen-Ming-Yuen, dernier empereur décédé de la Chine (celui que nous avons combattu dans la dernière guerre), magnifique peinture sur soie, avec un grand nombre de figures dessinées avec autant de finesse que de talent.

Cette composition, d'un immense travail, et qui offrirait, en Chine, une grande valeur, provient du pillage du palais d'été incendié dans cette guerre.

654. Jade vert. — Sceau du même empereur, de forme cubique, avec la tête du dragon impérial sculptée en relief sur le sommet, et une inscription ou sentence relative à son emploi.

Voir le n° 326 du catalogue de vente du colonel Du Pin, au sujet de ce précieux monument.

655. Peinture sur papier. Rouleau d'un mètre 25 c. de long sur 40 c. de large, représentant deux dames chinoises brodant au métier dans un jardin.

656. Deux pièces de tentures en papier tissé, d'un mètre environ de longueur sur 50 c. de large, représentant : l'une une femme (divinité, je crois) et un enfant; l'autre des vases de fleurs.

Voir, pour les porcelaines, au n° 758.

INDE, MALAISIE, PERSE, TURQUIE, AFRIQUE, ETC.

657. Bronze. — Grande idole hindoue (femme), coiffée d'une sorte de tiare.

Très-ancien travail.

On croit ce bronze mêlé d'or.

658. — Deux idoles de l'Inde, une assise, à tête d'éléphant, l'autre debout et jouant des crotales.

659. Idole assise (femme), en cuivre doré.

Ancien travail de l'Inde ou du Thibet.

660. Petite idole assise, en jade blanc, avec base et accessoires en cuivre doré et orné de turquoises.

Ouvr. de l'Inde.

661. Cuivre doré.— Trois petites idoles assises, de l'Inde.

662. — Ornement de coiffure en cuivre doré garni de turquoises. Tr. de l'Inde.

— Autre, idem, moins important.

663. Ivoire. — Deux dragons en pendants, bas-reliefs très-saillants.

Tr. de l'Inde (Ceylan).

664. Ustensile de suspension (étui), dont l'usage nous est inconnu, en alliage noir incrusté et garni d'argent.

Très-beau et ancien travail de l'Inde (Ceylan).

665. Trois réservoirs de hooka en poterie noire incrustée de beaux ornements en argent.

Ancien travail de l'Inde.

666. Deux bouteilles avec bouchons, en poterie noire incrustée d'argent.

Ancien travail de l'Inde.

667. Autre bouteille moins grande, de même travail.

Très-beaux ornements.

668. Petit chandelier très-élégant et de même travail.

669. Crachoir de même matière et travail.

670. Grand et beau hooka (pipe à réfrigérant) de Perse en filigrane de cuivre, richement émaillé de figures et ornements.

Très-complet.

671. Ivoire. — Beau coffret forme bahut, avec tiroir, décor en relief de fleurs et oiseaux, garniture en cuivre, richement gravé.

Ancien travail persan.

672. Boîte d'écritoire forme oblongue, laquée de sujets de figures.

Ouvr. de Perse.

673. Grand bassin creux (rafraîchissoir) en cuivre battu et richement gravé d'inscriptions, etc.

Ancien travail arabe.

674. Grand bassin en cuivre battu et richement gravé d'ornements très-fins.
Ancien travail arabe.

675. Grande écritoire forme de coffret, en cuivre richement gravé d'inscriptions et d'ornements d'une grande finesse.
Très-ancien travail arabe.

676. Grande coupe forme basse, en cuivre richement gravé d'inscriptions et ornements.
Ancien travail arabe.

677. Petite coupe avec versoir ou aiguière, de même travail et origine.

678. Petit peson en cuivre très-ouvragé, de travail arabe.
— Autre peson en fer du XVIIe siècle.

679. Cabinet de forme octogone richement marqueté de nacre sur fond d'écaille, contenant quinze tiroirs et deux casiers à l'intérieur.
Ouvrage de Constantinople, du XVIIe siècle.

680. Tabouret de plan décagone, de même travail et provenance.

681. Coffret à couvercle prismatique, de même matière et travail.

682. Grosse lanterne turque en cuivre repercé à jour.

683. Deux aiguières d'ablutions, avec leurs bassins, en cuivre battu et poli.
Travail turc.

684. Coupe ou plutôt bassin en cuivre repoussé, de travail oriental.

685. Boîte à couvercle en coupole, de même matière et travail.

686. Autre coupe en cuivre forme Médicis, de même décor.
Ancien travail turc.

687. Coupe avec couvercle, en cuivre richement gravé (ondeggiato).
Ancien travail de la Morée.

688. Coupe ou bassin en cuivre gravé et argenté, portant une inscription circulaire en caractères syriaques, je crois.

689. Petite pendeloque de senteur forme goderonnée en alliage noir damasquiné d'or.
Tr. oriental.

690. Deux petites tasses à café en porcelaine bleu et or, avec leurs soutasses en argent guilloché.
Une soutasse en filigrane d'argent doré.
Tr. oriental.

691. Etui formé d'une dent de lion, garniture en argent finement gravé, de travail oriental.
XVIIe siècle.

692. Petite boîte en cuivre gravé, forme valise.
— Petit briquet avec poche en cuir.
Tr. oriental.

693. Poire de senteur en filigrane de cuivre doré.
Travail oriental.

694. Croix pectorale en bois de cèdre incrusté de nacre, garnie de filigrane d'argent aux empattements.
Travail de Jérusalem, XVIIe siècle.

695. Boîte en sycomore incrusté de nacre; représentation du saint sépulcre.

Travail de Jérusalem, XVIIe siècle.

696. Petit tableau à deux volets, bois de sandal sculpté à jour; le Christ bénissant, d'un côté, la Vierge, et l'Enfant de l'autre.

Ces deux sujets sont entourés d'un grand nombre de médaillons contenant des bustes de saints et saintes et la généalogie du Christ.

Ouvrage des moines du mont Athos, d'une grande finesse et d'une parfaite conservation.

Garniture et fermoirs en argent.

697. Une paire de bracelets kabyles en argent gravé d'ornements.

698. Parure de femme, composée d'une broche, d'une bague avec chaton et deux pendants d'oreille, le tout en filigrane de cuivre rehaussé de corail et de fausses turquoises.

Travail de Tombouctou (Afrique).

699. Abraham prosterné devant les trois anges, bas-relief repoussé en cuivre doré, avec les figures peintes.

Travail russe du XVIIe siècle.

700. Fonte de cuivre. — Tableau cloant à quatre volets, contenant la vie du Christ en vingt bas-reliefs très-compliqués de figures, ainsi que de nombreuses inscriptions.

Ouvrage de Kiew (Russie.) XVIIe siècle.

701. Bronze. — Quatre petits oratoires ou triptyques gréco-russes.

702. La Vierge couronnée par les anges ; bas-relief en pierre lithographique.

Travail russe.

703. Croix pectorale en argent niellé, représentant : d'une face le Christ en croix, de l'autre, la Trinité, etc.

Travail russe du XVIIe siècle.

704. Couteau de table, manche en ivoire de morse, avec viroles d'argent doré et émaillé de fleurs.

Travail russe du XVIIe siècle.

705. Instrument de musique à trois cordes et à archet (sorte de rebec) avec touches le long du manche, et qui paraît se jouer étant posé horizontalement.

Venant d'Afrique.

706. Autre rebec de même nature, de forme un peu différente et propre à être joué à la main.

Le corps de l'instrument est en bois de fer; la table de dessus, ainsi que celle de dessous, est faite de peau de boa.

Même origine.

707. Autre rebec du même genre, à manche cylindrique, sans touches et pouvant se jouer verticalement.

Cet instrument est très-curieux de forme et de la facture la plus soignée ; le manche ou axe est tout entier d'ivoire, sauf une partie richement marquetée de nacre sur ébène, et l'ornementation générale est des plus fines et du meilleur goût. Nous oublions de dire que la table est en parchemin.

Même provenance.

708. Tambourin ou timbale de forme basse, à une seule peau ; la caisse ou monture est de bois de fer et d'ivoire. Même origine.

709. Autre tambourin en forme de bouteille , richement orné de petits compartiments de glace taillés à facettes et d'un bel effet.

Le style général de la décoration de cet instrument , que nous voyons pour la première fois , nous porte à le croire de fabrique hindoue.

710. Une paire de crotales de bronze.

711. Tapis de table broché en couleurs diverses sur fond grenat; le tout en cachemire.

Ancien perse.

712. Grand et beau tapis de Smyrne, de haute laine, de beau dessin et d'une conservation parfaite.

Longueur de côté, 5^{m} 50, sur 5^{m}.

713. Grand et bel étendard en soie de couleur ponceau, broché à cartouches, et bordures d'inscriptions arabes sur fond de reps et autres ornements de style oriental.

Ce drapeau, qui a appartenu au duc d'Orléans, a été enlevé de la grande mosquée de Constantine, le jour de la prise de cette ville.

714. Echarpe de femme brodée en soie de couleurs sur fond de gaze cachemire.

Travail de l'Inde. Longueur 2^{m} 75.

715. Caftan ou veste turque en cachemire ponceau broché, à dessins de même couleur.

— Ferrouk ou calotte de même matière brochée à dessins de couleur.

716. Sac en cachemire rouge, avec broderie et inscriptions arabes en or.
— Autre sac en satin noir brodé d'or.

717. Portefeuille en cachemire bleu brodé d'or.
— Autre portefeuille très-petit, velours noir, également brodé d'or.
Travail oriental.

718. Hamac oriental en coton blanc, broché de dessins rouges et blancs.

ARMES ORIENTALES.

719. Arc de belle forme en acier de Damas damasquiné d'or.
Travail de Gwalior, célèbre fabrique de l'Inde.
Très-rare.

720. — Autre arc en bois, de fabrique orientale.

721. Grand poignard javanais, lame en damas d'étoffe avec fourreau et poignée d'argent richement ciselés.

722. — Autre, plus petit, mêmes lame et garnitures.

723. Petit poignard à large lame recourbée, poignée et bélière en argent perlé.

724. Sabre hindou, poignée en fer damasquiné d'or, lame canelée qui pourrait bien être en damas.
Fabrique de Gwalior.

725. — Autre sabre hindou, lame évidée et poignée damasquinée d'argent.

726. Petit bouclier de l'Inde en cuir de rhinocéros laqué d'or.

727. Grand kriss malais, belle lame en damas noir, poignée d'ivoire finement sculptée, le fourreau en bois également sculpté d'un masque hideux.

728. — Autre kriss malais, lame également en damas noir et poignée en corne sculptée, avec une fine virole garnie de turquoises.

729. Kangiar persan, lame en damas et poignée de fer damasquinée en or.

730. Poignard persan, poignée en jade blanc à fleurs, lame en damas avec fourreau finement filigrané, garni de jade et enrichi de pierres fines.

731. Poignard persan, poignée en ivoire sculptée à figures, lame en damas gris avec fourreau en chagrin.

732. — Autre de même provenance, poignée et bélières en jade vert, lame de damas damasquinée d'or.

733. — Autre poignard persan, avec poignée en jade vert enrichie de rubis et les bélières ciselées.

734. Poignée de poignard persan en jade blanc sculpté à fleurs.

735. Couteau persan, lame en damas damasquiné d'or, manche en morse garni d'argent émaillé et fourreau de chagrin.

736. Grand poignard turc, lame cintrée et damasquinée, fourreau d'argent et poignée de jade brun gravé à morisques d'or.

737. Grand poignard turc à lame droite en damas incrusté d'argent, avec fourreau de velours garni de même métal et manche d'agate.

738. Poignard turc à lame recourbée, avec fourreau en chagrin, la poignée et les garnitures en fer damasquiné d'or.

739. Autre poignard turc, lame en damas, fourreau en chagrin garni d'argent ciselé et poignée d'argent ciselé.

740. Poignard turc; fourreau en argent ciselé et poignée d'agate.

741. Couteau turc, fourreau d'argent uni et poignée de corne incrustée de marqueterie.

742. Couteau turc, lame en damas, poignée en morse et fourreau de velours garni d'argent ciselé et doré.

743. Couteau turc, lame en damas, fourreau garni d'argent richement niellé et poignée d'agate.

744. Pulverin d'amorce turc, recouvert en cuivre ciselé et argenté.

745. Sabre circassien, garde en fer damasquiné d'or, et grosse poignée de bois.

746. Sabre palicare, poignée en argent niellé.

747. Attaghan, lame en damas, poignée et fourreau d'argent richement ciselé de trophées d'armes.

748. Autre attaghan, fourreau d'argent et poignée de bois.

749. Petit attaghan, lame en damas, poignée et fourreau d'argent ciselé.

750. Autre petit attaghan ou poignard à oreilles, lame en damas, poignée en morse garnie d'argent et fourreau noir.

751. Sabre persan, monté en fer damasquiné d'or, belle lame en damas gris de l'Inde.

752. Poignard circassien à lame recourbée, fourreau en argent ciselé et poignée en morse.

753. Poignard circassien lame droite, fourreau garni en argent niellé, poignée en morse.

754. Autre poignard circassien à lame droite, avec fourreau en chagrin et poignée en morse.

755. Petit poignard circassien, poignée en corne noire, fourreau en chagrin garni de fer.

756. Ceinturon circassien en galon de soie brochée, avec boucle et mordant d'argent doré et fausses pierres.

757. Deux défenses de sanglier réunies par une virole d'argent.

PORCELAINES, FAIENCES, GRÈS ET VERRERIES

CHINE ET JAPON.

758. Porcelaine céladon. — Deux brûle-pastilles ou cassolettes de forme sphérique, avec anse; auprès de chaque et sur le même plateau est une figure de musicien richement costumé, dont l'un joue du

théorbe et l'autre marque la mesure avec un instrument de bambou analogue, quant à la forme, à notre tambour de basque.

Ces deux groupes sont fixés sur de riches montures en cuivre ciselé et doré, de l'époque de Louis XVI.

Ancien Chine de très-belle qualité.

759. — Grande figure de femme (divinité chinoise) voilée de rose et revêtue d'un costume richement ornementé d'or et de couleurs.

Le socle, de même matière, affecte la forme d'un fruit du genre ananas. Très-belle qualité.

760. — Garniture de cinq pièces (trois cornets et deux potiches), décorée de fleurs bleues sur fond blanc.

Une des potiches manque de couvercle.

Vieux Japon.

761. — Un joyeux Chinois paraît offrir à boire, dans une petite coupe, à une jeune femme assise sur ses genoux.

Groupe d'ancien Chine très-finement exécuté.

762. — Bouteille formée de deux poissons du genre cyprin (dit poisson doré) accolés par la panse ; la base représente des tourbillons d'eau, de couleur turquoise.

Ancien Chine de belle qualité.

763. — Deux bouteilles; décor de végétaux divers, sur fond blanc, montures en cuivre doré.

764. — Coupe de forme hexagonale décorée de fleurs et frises en couleurs diverses.

Support en bois sculpté à jour.

Ancien Chine,

765. — Deux petits vases à fleur forme bouteille, de plan quadrilobé, décorés de petits sujets de figures en couleurs rehaussées d'or.

766. — Vase à fleurs en porcelaine de Chine décorée en camaïeu d'or sur fond violet.

Garniture en cuivre doré.

767. — Deux vases à fleurs figurant de vieux troncs d'arbre très-pittoresques, chargés de plantes parasites et de fleurs, le tout colorié au naturel.

Ouvrage du Japon.

768. — Petit sucrier décoré de fleurs sur fond blanc.

Chine.

769. — Petit pot au lait avec couvercle décoré de fleurs et d'un natté géométrique sur fond blanc.

Théière dépendant du même vase, décor pareil.

Ancien Chine.

— Petite tasse et soucoupe qualité dite *coque d'œuf*, finement décorée de figures et d'or.

Ancien Chine de très-belle qualité.

770. — Autre petit pot au lait avec couvercle et broçon; décor de fleurs sur fond blanc.

Ancien Japon.

771. Théière en biscuit rouge, émaillée de fleurs bleues.

Chine belle qualité.

772. Garniture de dix tasses de forme conique et de grandeur décroissante, pour s'enclaver les unes dans les autres, en porcelaine de l'espèce appelée coque d'œuf à cause de sa légèreté; décor très-fin de figures et de fleurs.
Chine de belle qualité.

773. Porcelaine coque d'œuf. — Tasse ou bol, avec soucoupe et couvercle, décorée de figures et de nombreux cartouches d'inscriptions.
Ancien Chine de très-belle qualité.

774. — Petite tasse forme cul de poule, avec soucoupe, porcelaine coque d'œuf finement décorée de figures sur fond blanc.
Très-belle qualité.

775. — Petite coupe de forme hémisphérique, sur piédouche élevé; même qualité et décor que les précédentes.

776. — Assiette en porcelaine décorée de figures et de fleurs, montée en bois sculpté.
Ancien Japon.

777. — Trois assiettes creuses décorées de fleurs en couleur et or sur fond blanc.
Ancien Japon belle qualité.

778. Deux petits flacons : l'un forme de vase, l'autre cylindrique; décor de fleurs et animaux.

779. Epervier sur un tertre, faïence en couleur de fabrique orientale.

FABRIQUES EUROPÉENNES.

780. Petit pot au lait avec couvercle semé de petites fleurs sur fond blanc.

— Tasse, sans soucoupe, pareille.
Ancien Sèvres, pâte tendre.

781. Autre pot au lait à fleurs d'or sur fond de même.
Qualité pareille.

782. Autre petit pot au lait bleu au grand feu, décoré en or.
Même qualité.
Petite brêche à l'orifice.

783. Porcelaine. — Tasse forme cul de poule, avec soucoupe, en porcelaine de Sèvres, pâte tendre, décorée d'un sujet pastoral et fleurs sur fond bleu turquoise.
Epoque de Louis XVI.

784. — Le petit messager et la jolie bouquetière. Petites tasses forme cul de poule, avec soucoupe, décor de fleurs en or mat et de médaillons de couleur, sur l'une d'une jeune fille se disposant à lâcher un pigeon, sur l'autre d'une jeune fille tenant des fleurs.
Pâte tendre de la fabrique de Sèvres, époque de Louis XVI.

785. — Autre tasse avec soucoupe en porcelaine coque d'œuf, semée d'étoiles d'or sur fond blanc, avec un oiseau en couleur sur le devant.
Qualité rivale de Sèvres.

786 — Sucrier oblong, avec dessous, décor de fleurs sur fond blanc.

Sèvres, pâte tendre.

Cuillère à poudrer de même matière.

787. — L'Amour aveugle; une jeune fille lui fait la charité.

Beau groupe sur cippe en porcelaine d'ancien Saxe.

788. — Groupe de deux enfants dansants, porcelaine de Saxe de l'époque de Louis XV.

Belle qualité.

789. — Figurine de femme drapée et tenant un écusson, ancienne porcelaine de Saxe.

790. — Autre figurine de petite fille.

Qualité semblable.

791. — Vase en forme de jatte, avec couvercle et anses ornés de feuillages en relief, portant, en or, la date de 1776.

Fabrique allemande.

792. — Petit sucrier décoré de bleu sur fond blanc, avec une fine garniture en cuivre doré.

Louis XIV.

793. — Soupière décorée d'oiseaux et de fleurs, sur fond blanc.

Belle imitation du Japon, fabrique de Saxe.

794. — Offrande à l'Amour, beau médaillon en biscuit de Vegvood, à fond bleu.

Cadre noir et or.

795. — Jeune femme sortant du bain, figurine en biscuit de Sèvres.

796. Buste de Mme Du Barry, ancien biscuit.

797. Biscuit. — Deux figures debout (femmes) : l'une tenant une tablette, l'autre un coffret.

798. — Deux statuettes de l'Hercule Farnèse, supports de chandeliers.

Epoque de Louis XVI.

799. Faïence. — Coupe profonde décorée de feuillages, et d'un cœur percé d'un glaive au centre du fond.

Autre coupe moins creuse, décor analogue, présentant une tête de Mercure au centre.

Majolique de Pesaro ou Gubbio, XVIe siècle.

800. Petit vase pharmaceutique décoré de feuillages en bleu et jaune.

Fabrique de Castel-Durante, XVIe siècle.

801. Vase en forme de nacelle désigné ordinairement sous le nom de saucière ; le fond est occupé par une nymphe tenant deux cornes d'abondance.

Poterie en relief de Bernard Palissy.

XVIe siècle.

802. Petit plat ovale en couleurs, représentant une jeune femme entourée des quatre vents cardinaux.

Bernard Palissy, XVIe siècle.

803. Vase à deux anses, de forme mauresque, avec son bassin, décorés de feuillage en couleurs majoliques.

Fabrique de Valence (Espagne), XVIIe siècle.

804. Grande et belle cuillère en faïence de Moustier, décorée de bleu.
Epoque de Louis XIV.

805. Ecritoire formée d'une vasque ou coquille surmontée d'une figure de l'Amour.
Faïence allemande du XVIIIe siècle,

806. Fontaine avec mascarons en relief et autres bossages, le tout avec couverte rouge brun et grand bassin de même.
Fabrique d'Avignon, XVIIe siècle.
Manque le couvercle.

807. Trois grands vases de cuivre battu, de fabrique italienne, qui seront vendus en détail.

808. Quarante-trois pièces de faïence et grès de fabriques diverses, parmi lesquelles d'importantes; plus trois verres émaillés allemands, dans le style du XVIIe siècle, et deux écuelles d'étain à reliefs, de l'époque de Louis XIV, seront vendus en détail sous ce numéro.

809. Les objets non catalogués seront vendus sous ce numéro.

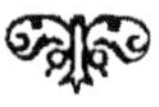

Lyon. — Typographie d'Aimé Vingtrinier, rue de la Belle-Cordière, 14.

www.ingramcontent.com/pod-product-compliance
Ingram Content Group UK Ltd.
Pitfield, Milton Keynes, MK11 3LW, UK
UKHW021823190726
13853UKWH00003B/1142